"浙学大家"丛书

浙江省习近平新时代中国特色社会主义思想研究中心课题成果

明经重史
章太炎

吴　光　主编

宫云维　著

浙江人民出版社

图书在版编目（CIP）数据

明经重史 ：章太炎 / 宫云维著 ；吴光主编.

杭州 ：浙江人民出版社，2025. 6. -- ISBN 978-7-213
-11964-4

Ⅰ. B259. 25

中国国家版本馆CIP数据核字第202567J92C号

明经重史：章太炎

宫云维　著　吴　光　主编

出版发行：浙江人民出版社(杭州市环城北路177号　邮编　310006)
　　　　　市场部电话：(0571)85061682　85176516

责任编辑：陶辰悦　　　　　　　　　责任校对：王欢燕

责任印务：程　琳　　　　　　　　　封面设计：厉　琳

电脑制版：杭州天一图文制作有限公司

印　　刷：杭州钱江彩色印务有限公司

开　　本：880毫米×1230毫米　1/32　　印　　张：8.75

字　　数：172千字　　　　　　　　　插　　页：2

版　　次：2025年6月第1版　　　　　印　　次：2025年6月第1次印刷

书　　号：ISBN 978-7-213-11964-4

定　　价：65.00元

如发现印装质量问题，影响阅读，请与市场部联系调换。

"浙江文化研究工程成果文库" 总序

　　有人将文化比作一条来自老祖宗而又流向未来的河，这是说文化的传统，通过纵向传承和横向传递，生生不息地影响和引领着人们的生存与发展；有人说文化是人类的思想、智慧、信仰、情感和生活的载体、方式和方法，这是将文化作为人们代代相传的生活方式的整体。我们说，文化为群体生活提供规范、方式与环境，文化通过传承为社会进步发挥基础作用，文化会促进或制约经济乃至整个社会的发展。文化的力量，已经深深熔铸在民族的生命力、创造力和凝聚力之中。

　　在人类文化演化的进程中，各种文化都在其内部生成众多的元素、层次与类型，由此决定了文化的多样性与复杂性。

　　中国文化的博大精深，来源于其内部生成的多姿多彩；中国文化的历久弥新，取决于其变迁过程中各种元素、层次、类型在内容和结构上通过碰撞、解构、融合而产生的革故鼎新的强大动力。

中国土地广袤、疆域辽阔，不同区域间因自然环境、经济环境、社会环境等诸多方面的差异，建构了不同的区域文化。区域文化如同百川归海，共同汇聚成中国文化的大传统，这种大传统如同春风化雨，渗透于各种区域文化之中。在这个过程中，区域文化如同清溪山泉潺潺不息，在中国文化的共同价值取向下，以自己的独特个性支撑着、引领着本地经济社会的发展。

从区域文化入手，对一地文化的历史与现状展开全面、系统、扎实、有序的研究，一方面可以借此梳理和弘扬当地的历史传统和文化资源，繁荣和丰富当代的先进文化建设活动，规划和指导未来的文化发展蓝图，增强文化软实力，为全面建设小康社会、加快推进社会主义现代化提供思想保证、精神动力、智力支持和舆论力量；另一方面，这也是深入了解中国文化、研究中国文化、发展中国文化、创新中国文化的重要途径之一。如今，区域文化研究日益受到各地重视，成为我国文化研究走向深入的一个重要标志。我们今天实施浙江文化研究工程，其目的和意义也在于此。

千百年来，浙江人民积淀和传承了一个底蕴深厚的文化传统。这种文化传统的独特性，正在于它令人惊叹的富于创造力的智慧和力量。

浙江文化中富于创造力的基因，早早地出现在其历史的源头。在浙江新石器时代最为著名的跨湖桥、河姆渡、马家浜和良渚的考古文化中，浙江先民们都以不同凡响的作为，在中华民族的文明之源留下了创造和进步的印记。

浙江人民在与时俱进的历史轨迹上一路走来，秉承富于创造力的文化传统，这深深地融汇在一代代浙江人民的血液中，体现在浙江人民的行为上，也在浙江历史上众多杰出人物身上得到充分展示。从大禹的因势利导、敬业治水，到勾践的卧薪尝胆、励精图治；从钱氏的保境安民、纳土归宋，到胡则的为官一任、造福一方；从岳飞、于谦的精忠报国、清白一生，到方孝孺、张苍水的刚正不阿、以身殉国；从沈括的博学多识、精研深究，到竺可桢的科学救国、求是一生；无论是陈亮、叶适的经世致用，还是黄宗羲的工商皆本；无论是王充、王阳明的批判、自觉，还是龚自珍、蔡元培的开明、开放，等等，都展示了浙江深厚的文化底蕴，凝聚了浙江人民求真务实的创造精神。

代代相传的文化创造的作为和精神，从观念、态度、行为方式和价值取向上，孕育、形成和发展了渊源有自的浙江地域文化传统和与时俱进的浙江文化精神，她滋育着浙江的生命力、催生着浙江的凝聚力、激发着浙江的创造力、培植着浙江的竞争力，激励着浙江人民永不自满、永不停息，在各个不同的历史时期不断地超越自我、创业奋进。

悠久深厚、意韵丰富的浙江文化传统，是历史赐予我们的宝贵财富，也是我们开拓未来的丰富资源和不竭动力。党的十六大以来推进浙江新发展的实践，使我们越来越深刻地认识到，与国家实施改革开放大政方针相伴随的浙江经济社会持续快速健康发展的深层原因，就在于浙江深厚的文化底蕴和文化传统与当今时代精神的有机结合，就在于发展先进生产力与发展先进文化的有机结合。今后一个时期浙江能否在全面建设小康社会、加快社会主义现代化建设进程中继续走在前列，很大程度上取决于我们对文化力量的深刻认识、对发展先进文化的高度自觉和对加快建设文化大省的工作力度。我们应该看到，文化的力量最终可以转化为物质的力量，文化的软实力最终可以转化为经济的硬实力。文化要素是综合竞争力的核心要素，文化资源是经济社会发展的重要资源，文化素质是领导者和劳动者的首要素质。因此，研究浙江文化的历史与现状，增强文化软实力，为浙江的现代化建设服务，是浙江人民的共同事业，也是浙江各级党委、政府的重要使命和责任。

2005 年 7 月召开的中共浙江省委十一届八次全会，作出《关于加快建设文化大省的决定》，提出要从增强先进文化凝聚力、解放和发展生产力、增强社会公共服务能力入手，大力实施文明素质工程、文化精品工程、文化研究工程、文化保护工程、文化产业促进工程、文化阵地工程、文化传播工程、文化人才工程等"八项工程"，实施科教兴国和人才强国战略，加快建设教育、科技、卫生、体育等"四个强省"。作为文化建设"八项工程"之一的文化研究工程，其任务就是系统研究浙江文化的历史成就和当代发展，深入挖掘浙江文化底蕴、研究浙江现象、总结浙江经验、指导浙江未来的发展。

浙江文化研究工程将重点研究"今、古、人、文"四个方面，即围绕浙江当代发展问题研究、浙江历史文化专题研究、浙江名人研究、浙江历史文献整理四大板块，开展系统研究，出版系列丛书。在研究内容上，深入挖掘浙江文化底蕴，系统梳理和分析浙江历史文化的内部结构、变化规律和地域特色，坚持和发展浙江精神；研究浙江文化与其他地域文化的异同，厘清浙江文化在中国文化中的地位和相互影响的关系；围绕浙江生动的当代实践，深入解读浙江现象，总结浙江经验，指导浙江发展。在研究力量上，通过课题组织、出版资助、重点研究基地建设、加强省内外大院名校合作、整合各地各部门力量等途径，形成上下联动、学界互动的整体合力。在成果运用上，注重研究成果的学术价值和应用价值，充分发挥其认识世界、传承文明、创新理论、咨政育人、服务社会的重要作用。

我们希望通过实施浙江文化研究工程，努力用浙江历史教育浙江人民、用浙江文化熏陶浙江人民、用浙江精神鼓舞浙江人民、用浙江经验引领浙江人民，进一步激发浙江人民的无穷智慧和伟大创造能力，推动浙江实现又快又好发展。

今天，我们踏着来自历史的河流，受着一方百姓的期许，理应负起使命，至诚奉献，让我们的文化绵延不绝，让我们的创造生生不息。

2006 年 5 月 30 日于杭州

"浙学大家"丛书总论

吴 光

一、引言

　　浙学概念的正式提出虽然始于南宋，但作为一种富有地域特色的学术文化形态则可以追溯到更远，大致萌芽于古越国而成形于秦汉时期的会稽郡时期。习近平同志在浙江工作期间，就很重视对浙学与浙江文化的研究，他曾多次到南孔圣地衢州调研考察，在 2005 年 9 月 6 日第五次到衢州调研时，曾指示："衢州历史悠久，是南孔圣地，孔子文化值得很好挖掘、大力弘扬，这一'子'要重重地落下去。"2004 年 10 月 27 日，习近平同志在致陈亮国际学术研讨会组委会的贺信中说："陈亮是我国著名的爱国主义者，杰出的思想家、文学家。他创立的永康学派，强调务实经世，为'浙江精神'提供了重要的历史文化内涵。研究陈亮学说，就是要探寻浙江优秀文化传统，在研究浙江现象、总结浙江经验、提炼'浙江精神'方面取得创造性成果，为我省经济发展、社会进步、文化繁荣，提供重要的精神动力。"2006 年 3 月 28 日，习近平同志在致黄宗羲民本思想国际学术研讨会组委会的贺信中说："黄宗羲是我国明清之际杰出的思想家、史学家、文学家和教育家，是浙江历史上的文化伟人。他所具有的民主启蒙性质的民本思想，在中国思想文化史上产生了很大影响。"这些重要的贺信、讲话与指示，对于我们今天深入发掘浙学基本精神、开展"浙学大家"系列研究是有指导性意义的。

2023 年春，浙江省文史研究馆领导委托我主持编写《浙学与治国理政》一书，主要作者是我与张宏敏研究员。该书出版后，在政界、学界和企业界颇受关注。省委宣传部领导赞同浙学的理念，并积极支持省文史馆组织写作团队策划名为"浙学大家"丛书的项目。于是，文史馆领导召集了多次有馆员与工作人员参加的会议，并组成了汇合馆内外专家参与的项目团队。大家推举我任丛书主编，并遴选了王充、吕祖谦、陈亮、叶适、王阳明、刘宗周、黄宗羲、章学诚、章太炎、马一浮等十大浙学名家作为"浙学大家"丛书第一辑立传对象，各卷作者则分别选定由白效咏、徐儒宗、董平（兼陈亮、王阳明二卷）、何俊、张宏敏、吴光、钱茂伟、宫云维、邓新文等九位专家担任。之所以选这十大浙学名家，是因为王充是浙学史上第一个有系统哲学思想和政治思想的思想家，可视为"浙学开山祖"。吕祖谦、陈亮、叶适分别是南宋浙学鼎盛时期的主要代表，王阳明、刘宗周是明代浙学的领袖，黄宗羲、章学诚则是清代浙东经史学派的创立者和理论代表，章太炎可谓集大成的浙学宗师，马一浮则是富有中华文化自信的杰出代表，被誉为"现代新儒家三圣之一"。总之，这些思想家既是浙学的代表，又各具独立的思想体系。这个项目经文史馆申报后很快获得浙江文化研究工程领导小组评审通过，被列为省重大社科研究项目。后续还将进一步推进"浙学大家"丛书编写工作。

二、"浙学"的文化渊源与思想内涵

既然叫"浙学大家"丛书，不能不就浙学的内涵、外延及其发展脉络、基本精神、当代价值等问题作出较为系统的论述。先从浙学的文化渊源谈起。

浙学之名，虽然始于南宋朱熹，但浙学之实源远流长，甚至可以追溯到史前浙江距今约 7000 年的"河姆渡文化"与距今约 5000 年的"良渚文化"等文物遗存。

首先需要强调的是，浙学并不是孤立的存在，而是华夏文化，也即大中华文化中一个具有鲜明地域特色的重要分支。作为地域文化的重要分支，她从古越国时代就已发端，在汉唐时期已具雏形，而在北宋时期形成学派，在南宋时期走向鼎盛，历经元明清以至近现代，绵延不断。总之，浙学在宋元明清时代蓬勃发展，逐渐从文化的边缘走向中心，在中华文化发展史上起到了重要作用。在习近平新时代中国特色社会主义思想的指引下，随着浙江经济社会的长足发展和学术文化的日益繁荣，人们对隐藏在蓬勃发展背后的文化动力日益关注并进行了深层次的探讨。

从地域文化的历史看，浙江在古代属于吴越文化地区。吴、越地区包括现在的苏南、上海和浙江全境，自古以来就有着密不可分的文化联系。据历史文献记载，"吴""越"的称谓始于殷周之际。据《史记·吴太伯世家》《吴越春秋》《越绝书》等书记载，3100多年前，周太王古公亶父的长子泰伯、次子仲雍，为了避让王位而东奔"荆蛮"，"自号勾吴"，"荆蛮义之，从而归之者千有余家，共立以为勾吴"①。后来，周武王伐纣胜利后，"追封太伯于吴"。到吴王阖闾时，国势强盛。其子夫差，一度称霸诸侯，国土及于今之江、浙、鲁、皖数省，后被越王勾践所灭，其地为越吞并。至于"越"之缘起，据史书所载，因夏禹死后葬于会稽②，夏后帝少康封其庶子于此，传二十余世而至允常、勾践父子，自立为越王，号"於越"（"於"读作"乌"）。其时吴越争霸，先是吴胜越败，后来越强灭吴，勾践称霸，再传六世而为楚所灭。

然而，作为诸侯国的吴、越虽然灭亡，但其所开辟的疆土名称及其文化习俗却一直传承发展至今。从地理而言，吴越分

①《吴太伯传》，见赵晔撰、薛耀天译注：《吴越春秋译注》，天津古籍出版社1992年版，第4页。勾（句）吴，在今江苏无锡境内。

②相传夏朝始祖大禹卒后葬于会稽山麓。今浙江绍兴东南郊的会稽山麓有"大禹陵"建筑群，由禹陵、禹祠、禹庙三大建筑组成。大禹陵始建于明嘉靖年间，清康熙年间重修，20世纪90年代又经绍兴市政府整修，现为全国重点文物保护单位。自1995年以来，当地政府每年都要举行公祭大会祭奠大禹。

属两地却有许多重叠，如"吴会"，或指会稽一郡，又指吴与会稽二郡；如"三吴"，既含吴地，又含越地，跨越今之江、浙、沪二省一市；如"吴山"，却不在吴都（今属苏州）而在越地（今属杭州）。正如《越绝书·纪策考》所记伍子胥言"吴越为邻，同俗并土"，以及同书《范伯》篇所记范蠡言"吴越二邦，同气共俗"。这说明吴、越地区的文化联系历来非常密切，其习俗也相当接近。这也是人们经常合称"吴越文化"的历史原因。

但严格地说，"吴越文化"是有吴文化与越文化的各自特色的。"吴文化"主要指苏南、上海地区的文化传承，"越文化"则主要是指今浙江地区的文化传承。考古发掘的材料已经确证：距今1万年左右的上山文化遗址①，距今8000年以上的跨湖桥文化（在今浙江杭州市萧山区境内）、距今7000年的河姆渡文化（在今浙江余姚市境内），以及稍后兴起的、距今4000—5000年的良渚文化（在今浙江余杭境内），以其在当时堪称先进的制陶、制玉工艺和打制、磨制、编制的石器、骨器、木器、竹器等生产工具、生活用具以及干栏式建筑，向全世界宣告了长江三角洲地区特别是浙江地区史前文明历史的悠久与发达。而在上古文明史上，浙江以其古越国、汉会稽郡、五代吴越国的辉煌历史著称于世。这一切，为浙江人文精神传统的形成及代表这个传统的"浙学"的形成提供了丰富厚重的历史依据。然而，

①上山文化遗址最早发现于浙江金华市浦江县上山村，属于新石器时代文化类型，距今8500—11000年。

从学术发展的脉络而言，作为一种具有地域文化特色的"浙学"的思想源头，可以追溯到东汉会稽郡上虞县的杰出思想家王充那里。我研究王充思想历有年所，于1983年6月发表的文章中概括了王充思想的根本特点是"实事疾妄"①，又于1993年10月在"全国首届陈亮学术研讨会"上明确提出"王充为浙学开山祖"②的观点。2004年，我在《简论浙学的内涵及其基本精神》一文中首次提出浙学内涵的狭义、中义、广义之别，拙文指出：

> 关于"浙学"的内涵，应该作狭义、中义与广义的区分。狭义的"浙学"（或称"小浙学"）概念是指发端于北宋、形成于南宋永嘉、永康地区以陈傅良、叶适、陈亮为代表的浙东事功之学；中义的"浙学"概念是指渊源于东汉、酝酿形成于两宋、转型于明代、发扬光大于清代的浙东经史之学，包括东汉会稽王充的"实事疾妄"之学、南宋金华之学、永嘉之学、永康之学、四明之学以及明代王阳明心学、刘宗周慎独之学和清代以黄宗羲、万斯同、全祖望为代表的浙东经史之学；广义的"浙学"概念即"大

---

① 吴光：《王充学说的根本特点——"实事疾妄"》，载《学术月刊》1983年第6期。
② 萧文在《全国首届陈亮学术讨论会综述》中指出，"对陈亮思想的渊源，前人无甚论说。吴光认为，首先是荀子，在先秦儒家中，他的富国强兵，关注现实的态度得到了陈亮充分的回应。其次是王充，作为浙学的开山祖，应该是陈亮思想的一个源头"。参见永康市陈亮研究会编：《陈亮研究论文集》，杭州大学出版社1994年版，第212页。

浙学"概念，指的是渊源于古越、兴盛于宋元明清而绵延
于当代的浙江学术思想传统与人文精神传统。这个"大浙
学"，是狭义"浙学"与中义"浙学"概念的外延，既包括
浙东之学，也包括浙西之学；既包括浙江的儒学与经学传
统，也包括浙江的佛学、道学、文学、史学、方志学等人
文社会科学传统，甚至在一定意义上涵盖了有浙江特色的
自然科学传统。当然，"大浙学"的主流，仍然是南宋以来
的浙东经史之学。①

　　我之所以将王充判定为"浙学开山祖"和中义浙学的源头，
首先是因为王充是浙江思想文化史上第一个建立了系统的哲学
理论、形成了思想体系的思想家。他的"实事疾妄"的学术宗
旨代表了务实、批判的实学精神，"先富后教"②的治理主张代
表了民生为重的民本精神，"文为世用"③的主张则体现了经世
致用的实学精神，"德力具足"的"治国之道"④体现了一种儒

①吴光：《简论"浙学"的内涵及其基本精神》，载《浙江社会科学》2004年第6期。
②"先富而后教"的思想，见《论衡·问孔篇》中引用孔子答学生冉求之语。尽管王
充认为此语与孔子答子贡"去食存信"的思想有矛盾，但显然王充是主张"富而后教"
观点的。
③《论衡·自纪篇》曰："（文）为世用者百篇无害，不为用者一章无补。"这句话强
调文章须为世用，正是一种"经世致用"的观念。
④《论衡·非韩篇》曰："治国之道，所养有二：一曰养德，二曰养力。养德者，养名
高之人，以示能敬贤；养力者，养气力之士，以明能用兵。此所谓文武张设，德力具
足者也。"显然这是儒法兼治的政治思想。

法兼容的多元包容精神。而这些正是宋元明清乃至近现代薪火相传的"浙学"基本精神。其次，王充的《论衡》及其"实事疾妄"思想极大地影响了后世学者、思想家，尤其是浙学家。我曾系统检索《四库全书》电子版等工具书，竟有重大发现可以佐证"王充是浙学开山祖"观点：非浙籍名家中，有范晔、韩愈、王夫之、顾炎武、方以智、惠栋等数十人引用了《论衡》。浙籍名家中，则有高似孙、毛晃、吕祖谦、王应麟、黄震、方孝孺、黄宗羲、万斯同、陆陇其、朱彝尊、胡渭等名家引用了《论衡》。比如，南宋文献大师、鄞县人王应麟引《论衡》十一条，其《玉海》卷五十八《越绝录》云："王充《论衡》，吴君高之《越绝录》，周长生之《洞历》，刘子政、杨子云不能过也。"黄宗羲的高足、鄞县万斯同著《儒林宗派》，卷三将"王充，班彪门人"列为"诸儒兼通五经"者。清初浙西名儒如萧山人毛奇龄、德清人胡渭、平湖人陆陇其、嘉兴人朱彝尊等都多处征引王充《论衡》以伸其说。上述《四库全书》著者引用《论衡》的史料足以证明，王充及其《论衡》在中国学术思想史和浙江思想文化史上确有巨大影响，因此，我们誉之为"浙学开山祖"并不为过。

虽然王充本人影响较大，但王充时代并没有形成人才济济的"浙学"学派。"浙学"的直接源头还是北宋初期在湖州府因讲学闻名而被延请至太学讲学的安定先生胡瑗。诚如全祖望《宋元学案·士刘诸儒学案》叙录中所言："庆历之际，学统四起"，其中浙东、浙西之学"皆与安定湖学相应"，说明湖学是浙学的直接源头。但浙学的兴盛还是在永嘉、永康、金华、四明之学异军突起的南宋。到了明代中后期，以王阳明为宗主的姚江学派不仅遍及两浙，而且风靡全国，确立了良知心学。而在明清之际，刘宗周的慎独之学独树一帜，形成了涵盖两浙的蕺山学派；其高足弟子黄宗羲接踵而起，力倡重视经世实践的"力行"实学，开创了具有民主启蒙性质和实学特征的浙东经史学派，从而使"浙学"升华到深刻影响中国思想潮流的地位，成为推动近代思想解放和民主革命运动的思想大旗。

三、"浙学"的演变与学派分合

(一)"浙学"内涵的延伸与扩展

过去，在论及浙江学术文化时，谈得较多的是"浙东学派"与"浙东史学"，而忽略了起源更早的"浙学"之说。究其原委，盖因清代浙东史学家章学诚写了一篇题名《浙东学术》的文章，近代学术大师梁启超在20世纪初撰写了《清代学术概论》与《中国近三百年学术史》这两部名著，极力推崇"浙东学派"和"浙东史学"。

其实，"浙学"比"浙东学派"的概念要早出现400多年。最早是由南宋理学家朱熹（1130—1200）提出，而"浙东学派"的概念则始见于清初大儒黄宗羲（1610—1695）的著作。

朱熹论"浙学"，一见于《晦庵集》卷五十《答程正思书》，曰："浙学尤更丑陋，如潘叔昌、吕子约之徒，皆已深陷其中。不知当时传授师说，何故乖讹便至于此，深可痛恨！"再见于门人黎靖德编《朱子语类》，曰："江西之学（指陆九渊心学）只是禅，浙学（指永嘉、永康之说）却专是功利。禅学，后来学者摸索一上，无可摸索，自会转去。若功利，则学者习之便可见效，此意甚可忧。"①可见朱熹论浙学相当偏颇。然其论虽偏，但他最早提出"浙学"名称之功是不可抹杀的。

明代中期以后，阳明心学风靡两浙，"浙学"获得正面评价。时任浙江提学副使的福建晋江人刘鳞长编著《浙学宗传》一书，共立案44人，其中浙籍学者39人，非浙籍5人。其长在于涵盖了"两浙诸儒"，并将王阳明心学人物入传，已粗具"大浙学"的框架。然失之于简略，有以偏概全之弊。

"浙东学派"的概念首见于黄宗羲。黄宗羲在《移史馆论不宜立理学传书》一文中首次使用了"浙东学派"一词，他在该文批评当时明史馆修史诸公所传《修史条约·理学四款》之失，驳斥其所谓"浙东学派，最多流弊"之言说："有明学术，白沙（陈献章）开其端，至姚江（王阳明）而始大明。……逮及先师蕺山（刘宗周），学术流弊，救正殆尽。向无姚江，则学脉中绝；向无蕺山，则流弊充塞。凡海内之知学者，要皆东浙之所衣被也。今忘其衣被之功，徒訾其流弊之失，无乃刻乎！"②在

①《陈君举》，见黎靖德编、王星贤点校：《朱子语类》第八册，中华书局1994年版，第2967页。
②黄宗羲：《南雷诗文集·移史馆论不宜立理学传书》，见沈善洪主编、吴光执行主编：《黄宗羲全集》第十册，浙江古籍出版社2005年版，第221页。

这里，黄宗羲明确说明史馆诸臣已经批评了"浙东学派"的"流弊"（可见"浙东学派"一词的最早提出者应早于黄宗羲），并把王阳明心学和刘蕺山慎独之学归入浙东学派，等于建立了明清浙学的学术统系。据考证，黄氏还在明崇祯年间汇编过一部集数十名浙东学者著作于一编的《东浙文统》若干卷。但黄宗羲所谓学派，指的是学术脉络，并非现代意义的学派，他对"浙东学派"的理论内涵也未作出界定。

黄宗羲之后，首先是作为"梨洲私淑"的全祖望在所撰《宋元学案》中对"浙学"的内涵作了外延，并对浙学作了肯定性评价。如他在《宋元学案·士刘诸儒学案》叙录中称：

> 庆历之际，学统四起，齐、鲁则有士建中、刘颜夹辅泰山而兴；浙东则有明州杨、杜五子、永嘉之儒志、经行二子，浙西则有杭之吴存仁，皆与安定（胡瑗）湖学相应。①

此外，全氏在《周许诸儒学案》叙录中称"浙学之盛，实始于此（指永嘉九先生）"，在《北山四先生学案》叙录中称赞金华四先生（何基、王柏、金履祥、许谦）为"浙学之中兴"，在《东发学案》叙录中将四明朱学传人黄震归入"浙学"之列，

---

①全祖望：《宋元学案·士刘诸儒学案》，见沈善洪主编、吴光执行主编：《黄宗羲全集》第三册，浙江古籍出版社2005年版，第316页。

赞其"足以报先正拳拳浙学之意"。全祖望的"叙录"说明了三点：第一，他所说的"浙学"主要是指"浙东之学"，但也包括了"浙西之学"（如杭之吴存仁属浙西），其内部各派的学术渊源和为学宗旨不尽一致，但有共同特色；第二，他认为"浙东之学"与"浙西之学"的学术渊源，都与宋初大儒胡安定（瑗）在湖州讲学时形成的"湖学"相呼应。显然，在全祖望看来，安定"湖学"也属于"浙学"范围，而胡瑗湖学的根本宗旨就是"明体达用"；第三，"浙学"在当时的地位，堪与齐鲁之学、闽学、关学、蜀学相媲美，而且蔚为一大学统，对于宋、元学风有开创、启迪之功。

全祖望之后，乾嘉时代的浙东学者章学诚在《文史通义·浙东学术》中论述了"浙东之学"与"浙西之学"的异同，并分析了各自的学术渊源。他说：

> 浙东之学，虽出婺源，然自三袁之流，多宗江西陆氏，而通经服古，绝不空言德性，故不悖于朱子之教。至阳明王子，揭孟子之良知，复与朱子抵牾。蕺山刘氏，本良知而发明慎独，与朱子不合，亦不相诋也。梨洲黄氏，出蕺山刘氏之门，而开万氏弟兄经史之学；以至全氏祖望辈尚存其意，宗陆而不悖于朱者也。……世推顾亭林氏为开国儒宗，然自是浙西之学。不知同时有黄梨洲氏，出于浙东，虽与顾氏并峙，而上宗王、刘，下开二万，较之顾氏，源远而流长矣。顾氏宗朱，而黄氏宗陆。盖非讲学专家，各

持门户之见者，故互相推服，而不相非诋。学者不可无宗主，而必不可有门户；故浙东、浙西，道并行而不悖也。浙东贵专家，浙西尚博雅，各因其习而习也。……浙东之学，言性命者必究于史，此其所以卓也。

在章学诚看来，"浙东之学"与"浙西之学"的学术渊源及其学风虽有所不同，但都是儒家之学，其根本之道是可以并行不悖、互相兼容的。

如果说宋元学者眼中的"浙学"仅限于金华、温州地区的"婺学"与"永嘉、永康之学"的话，那么明末清初的黄宗羲、全祖望已经将"浙学"的地域延伸到宁波、绍兴等大浙东地区，而且所包含的学术流派也不限于"婺学"与"永嘉、永康之学"，而是包括了"庆历五先生"、"甬上四先生"（即所谓"明州学派"）以及姚江学派与蕺山学派。及至章学诚，他在《浙东学术》中强调"浙东、浙西，道并行而不悖"的特色，这实际上已是"大浙学"的观念了。

自章学诚以后，近现代以至当代的许多学者，从章炳麟、梁启超、钱穆、何炳松、陈训慈到陈荣捷、金毓黻、杜维运、何冠彪、詹海云，以及当代浙江籍的众多学者（如北京的方立天、陈来、张义德，上海的冯契、谭其骧、潘富恩、罗义俊、杨国荣，南京的洪焕椿，杭州的仓修良、王凤贤、吴光、董平、何俊，宁波的管敏义，金华的黄灵庚，温州的周梦江，等等），都发表过有影响的学术论著，从各个角度研讨、评论"浙学"

"浙东学派""浙东学术"的理论内涵、历史沿革、学术脉络、思想特色、根本精神、研究成果等问题，从而把对"浙学"的研究推向了一个"百花齐放，推陈出新"的新阶段。

那么，我们在当代应该如何定位"浙学"的思想内涵？我在上述《简论"浙学"的内涵及其基本精神》等文中，已经明确区分了"浙学"内涵的狭义、中义与广义之不同。

我认为，我们在总结浙江学术思想发展史时，必须对狭义、中义与广义的"浙学"分别加以系统的研究与整理，但站在当今建设浙江文化大省的立场上，则应采取广义的"浙学"概念，不但要对两浙经史之学作系统的研究，也要对浙江文学、艺术、科学、宗教等作系统的全方位的研究，而不应仅仅局限于"浙东学派"或"浙东史学"的视野。

如果从广义的"大浙学"视野观察与反思浙江的学术文化传统，那么显而易见的是，所谓"浙学"，是多个学派"和齐斟酌，多元互补，互相融通"而形成的一种地域性学术格局与学术传统，这个学术格局虽然异见纷呈，但也培养了共通的文化精神。

事实上，浙江这块土地虽有浙东、浙西之分，但仅仅一江之隔，从人文传统上无法将其截然分开或将两者对立起来。在浙江学术史上，浙东、浙西往往是你中有我、我中有你、关系密切、互相影响的。因此，我们在当代应当坚持"广义浙学"的研究方向。

（二）浙学的学派与人物

浙江在北宋以前，虽有名家（如王充、虞翻），但无学派。而自北宋以至民国，浙江大地名家辈出，学派林立，可谓盛矣。

1.北宋浙学

北宋浙学首推胡瑗与湖学。北宋初年，号称"宋初三先生"之一的安定先生胡瑗在湖州讲学，创立了"湖学"。

据《宋史·胡瑗传》记载，胡瑗以经术教授吴中（苏州），受到范仲淹的推荐，后教授湖州，教人有法，严守师弟子之礼。庆历中，兴太学，朝廷下湖州取其教学法树为典范。他在太学讲学，学舍至不能容。礼部所得士，瑗弟子十常居四五。《宋元学案·安定学案》"胡瑗"小传记载，胡瑗"以明体达用之学教诸生"，"始于苏、湖，终于太学。出其门者无虑数千余人"，其佼佼者如程颐、刘彝、范纯仁、钱公辅等，皆其太学弟子也。①

次推明州"庆历五先生"。杨适、杜醇、王致、王说、楼郁五子，以经史、实学为圭臬，传承发展儒学。

此外，二程弟子游酢在萧山，杨时在余杭、萧山从政期间也有讲学活动，故程颢有"吾道南矣"之叹。于是，以二程洛学为主的理学分别在浙西（杭州）、浙东（明州、永嘉）都有

---

① 黄宗羲等：《宋元学案·安定学案》"胡瑗"小传，见沈善洪主编、吴光执行主编：《黄宗羲全集》第三册，浙江古籍出版社2005年版，第55—57页。

传播。

2.南宋浙学

以陈傅良、叶适为代表的永嘉学派，以陈亮为代表的永康学派，以吕祖谦为代表的金华婺学，以北山四先生何基、王柏、金履祥、许谦为代表的金华朱学，以浙东甬上四先生杨简、袁燮、舒璘、沈焕为代表的四明心学，形成南宋浙学之盛。

3.明代浙学——王阳明与姚江学派

王阳明一生活动足迹几乎遍及中国，其讲学活动也遍布大江南北，形成了姚江学派。姚江学派共有王门八派，其中浙中王门包括徐爱、钱德洪、王畿、季本、黄绾、董澐、陆澄等约20人。

4.明末刘宗周与蕺山学派

以明末大儒刘宗周为领袖的蕺山学派，其著名弟子有祁彪佳、张应鳌、刘汋、董瑒、黄宗羲、邵廷采、陈确、张履祥等35人。

5.黄宗羲与清代浙东经史学派

清代浙东经史学派的领袖人物是黄宗羲，其代表人物包括：以经学为主兼治史学的黄宗炎、万斯大，以史学为主兼治经学的万斯同、邵廷采、全祖望、章学诚，经史兼治而偏重文学的李邺嗣、郑梁、郑性，偏重历算的黄百家、陈訏、黄炳垕，偏重考据的邵晋涵、王梓材。

6.张履祥与清初浙西朱学

张履祥是刘宗周弟子，也是从蕺山学派分化而来的清初浙西朱学的领袖人物，其代表人物有吕留良、陆陇其等。

7.乾嘉考据学在浙江的展开

乾嘉考据学在浙江的代表主要是胡渭、姚际恒、杭世骏、严可均等，他们在文献辑佚、学术考辨方面各有贡献。

8.近现代浙学

近现代浙学名家辈出，有龚自珍、黄式三、黄以周、俞樾、孙诒让、章太炎、王国维、马一浮等经学家，他们在传承浙学人文传统、经典诠释与古籍整理方面各自作出了重要贡献。

四、浙学的基本精神与当代启示

在经历千百年的磨合过程中，浙学各派逐渐形成了一些共通的人文精神传统。这种人文精神是从王充到陈亮、叶适、吕祖谦、王阳明、黄宗羲、全祖望、章学诚以至近现代的龚自珍、章太炎、蔡元培、马一浮等著名浙江思想家都一致认同的文化精神。

那么，浙学的基本精神是什么呢？我曾在《简论"浙学"的内涵及其基本精神》一文中将它概括为"民本、求实、批判、兼容、创新"五个词、十个字，又在《论浙江的人文精神传统及其在现代化中的作用》一文中从五个方面概述了浙学人文精神的主要内容，即"一、'天人合一，万物一体'的整体和谐精神；二、'实事求是，破除迷信'的求实批判精神；三、'经世致用，以民为本'的实学精神；四、'四民同道，工商皆本'的人文精神；五、'教育优先、人才第一'的文化精神"。

　　我认为，在历代浙学家中，最能代表浙学基本精神的有五大家的五大名言。

　　一是王充的"实事疾妄"名言。"浙学开山祖"王充在回应人们对其写作《论衡》宗旨的疑问时说："《论衡》实事疾妄，无诽谤之辞"（见《论衡·对作篇》）。这充分体现了浙学坚持实事求是、反对各种虚妄迷信的务实批判精神。

　　二是叶适的"崇义养利"名言。叶适针对董仲舒名言"仁人者正其谊不谋其利，明其道不计其功"批判说："'仁人正谊不谋利，明道不计功'，此语初看极好，细看全疏阔。古人以利与人而不自居其功，故道义光明。后世儒者行仲舒之论，既无功利，则道义者乃无用之虚语尔。"①因此，叶适究心历史，称古圣人唐、虞、夏、商之世，能够"崇义以养利，隆礼以致力"②，是真正的"治道"。

　　三是王阳明的"知行合一"名言。王阳明说："知之真切笃实处即是行，行之明觉精察处即是知，知行工夫本不可离。……真知即所以为行，不行不足谓之知。"③这是王阳明"知行合一"说的基本论述。

　　四是黄宗羲的"经世应务"名言。黄宗羲主张"学必原本

①叶适：《习学记言》卷二十三，上海古籍出版社1992年版，第201页。
②杨士奇编：《历代名臣奏议》卷五十五引叶适《士学上》语。
③王阳明：《传习录中》，见王守仁撰、吴光等编校：《王阳明全集》上册，上海古籍出版社2012年版，第37页。

于经术而后不为蹈虚，必证明于史籍而后足以应务"①、"经术所以经世"②。在著名的《明夷待访录》中，黄宗羲明确提出了"天下为主，君为客"的命题，从而使其民本思想提升到了"主权在民"的民主启蒙高度，并影响到清末民初的民主启蒙运动。

五是蔡元培的"兼容并包"名言。浙学传统从王充以来，就有一种多元包容、兼收并蓄的思想特色。蔡元培从小就受到浙学传统的熏陶，在其思想深处就有一种多元包容的思想倾向。因此，他在辛亥革命后接掌北京大学校长时，提出了"思想自由，兼容并包"的办校方针，从而使北京大学成为包容多元、引领近现代思想解放潮流的新型教育阵地。

以上总结的五个词、十个字、五大精神、五大名言，就是我对浙学人文精神和历代"浙学大家"基本精神的概括性总结。在这一认识的基础上，我们进一步深入探讨浙学的当代价值与启示，也有五点值得借鉴发扬。

第一，浙学中"天人合一，万物一体"的整体和谐精神，启示我们要实现的中国式现代化必须是低碳、绿色、人与自然和谐相处的，而非将人与自然置于对立斗争地位的物本主义的

①全祖望：《甬上证人书院记》，见全祖望原著、黄云眉选注：《鲒埼亭文集选注》，齐鲁书社1982年版，第347页。
②全祖望：《梨洲先生神道碑文》，见全祖望原著、黄云眉选注：《鲒埼亭文集选注》，齐鲁书社1982年版，第105页。

二元对抗境地。所以，我们必须避免陷入"征服自然"式的斗争哲学思维。近年来，气候日益变暖，甚至出现40度以上的连续高温天气，使我们深切感受到气候变暖趋势的可怕与危害，也更促使我们要努力设法保持人与自然和谐相处的必要性与紧迫性。

第二，"以人为本，人民至上"的民本精神。这是以人民利益为最高利益的民本主义论述，是古越国"十年生聚，十年教训"从而由弱变强战胜强吴的法宝，也是在中国式现代化实践中经历40年艰苦奋斗，使资源贫乏的浙江成为经济大省的一大政策法宝，更是今后几十年建设共同富裕示范区的战略法宝，值得我们继承发扬光大。

第三，"自强自立，开拓创新"的创业精神。这尤其体现在温州人"敢为天下先"的创业精神以及义乌人建设小商品市场的创业开拓精神上。这一点一直是温州、义乌、宁波、龙游、湖州等地浙商的优良传统，值得发扬光大。

第四，"实事疾妄"的求实批判精神，这是浙学家留给我们的科学思维方法。浙学传统中，从王充到陈亮、叶适、王阳明、黄宗羲以至章太炎、马一浮，都是富有求实批判精神的大家。我们在实现新时代的中国式现代化、实现中华民族伟大复兴的实践中，尤其需要坚持实事求是、反对弄虚作假、批判各种不切实际的虚妄迷信。

第五，"多元和谐，兼容并包"的精神。改革开放以来的实践证明，坚持改革开放的基本国策，能让我们的社会主义现代化事业实现长足发展。可以说,"改革开放,多元包容",是我们不断从胜利走向新胜利的政策法宝。

上述五个方面构成一个有机的思想整体,在这个思想整体中,"万物一体"是我们的宇宙观,"以人为本"是制定政策的根本前提,是一切工作的出发点;"实事疾妄"是必须坚持的思想路线,是民族精神的脊梁;"开拓创新,多元包容"既是科学的思维方式,也是创业者必备的人文素质,是建设现代化新浙江的政策法宝。近40年来,我在多家报纸杂志和各种学术讲座中发表了多篇文章,论浙学文化观与科学发展观的关系。我认为,科学发展观的根本精神包含着三大要素:一是"以人为本"的人文精神,人是最重要的,一切为人民的根本利益着想,这是中国共产党人的根本出发点;二是"实事求是"的务实精神,在任何工作中都必须坚持"实事求是"的思想路线,才能做到无往不胜;三是"多元包容"的和谐精神,这是一种全面开放、深化改革、包容多元、追求和谐的精神,而不是一元的封闭主义。这也算是我论浙学的一得之见吧。

上述五点启示在根本上体现了浙学的人文精神传统。这个精神传统落实到社会实践中,就转化为"改天换地、建功立业"的巨大物质力量。浙江人民在现代化建设中之所以能取得伟大成就,与浙江的历史文化、思想传统是密不可分的。现在的社会主义现代化是一项前人未曾从事过的伟大事业,不仅吸收了中华优秀传统文化的精华,也吸收了全人类优秀文化的精华。我们在建设人文浙江、和谐浙江、现代浙江的过程中,必须充分发掘浙江人文思想的深厚资源，同时面向全世界，坚持多元和谐发展，真正提供服务于中华民族伟大复兴的文化软实力。

综上所述，浙学作为一种富有特色、充满活力的地域文化形态，是中华文化大厦的重要组成部分，她不但在历史上促进了社会文明进步，而且在当代中国现代化的实践中，仍然具有强大的精神感召力和实践推动力。我们应当倍加珍惜这份资源，并使之发扬光大，日臻完善。

2024 年 9 月 3 日草成于杭州

目　录

前　言

章太炎（1869—1936），浙江余杭人，原名学乘，字枚叔，后易名为炳麟。因反清意识浓厚，慕顾绛（顾炎武）的为人行事而改名为绛，号太炎。世人常称之为"太炎先生"。

章太炎是近代著名的资产阶级民主革命家。1897年任《时务报》撰述，因参加维新运动被通缉，流亡日本。1903年因发表《驳康有为论革命书》并为邹容《革命军》作序，触怒清廷，被捕入狱。1904年与蔡元培等合作，发起光复会。1906年出狱后，被孙中山等迎至日本，参加同盟会，主编同盟会机关报《民报》，与改良派展开论战。1911年上海光复后回国，发起中华民国联合会，主编《大共和日报》。"曾经把自己生命力最旺盛的岁月，五十岁以前的二十余年，贡献给拯救苦难的祖国的旧民主主义革命事业。"（朱维铮《訄书校点前言》）

章太炎又是近代著名的学者，被誉为"国学泰斗""国学大师""一代儒宗""中国近代学术的奠基人"等。他少年时即从外祖父和父兄学习音韵训诂，后来进入诂经精舍，师从著名经学家俞樾，八年的学习，打下了坚实的学术基础。他革命不忘治学，即使在长达二十多年的革命生涯里，依然著述不辍，举凡经史、哲学、文学、训诂学、音韵学、逻辑学等，均有所涉猎，且颇多建树，是公认的学术大师。他一生多次讲学，弟子"累以千计"，著述累计超过400万字，对中国近代学术史和文化史产生过重大影响。

章太炎学术的根基是经学。俞樾是著名的汉学大师，他在诂经精舍的教学、研究内容以经史为主。章太炎继承了清代古文经学研究的余绪，一生重经，是古文经学名家，梁启超称之为清代正统汉学的殿军，胡适在《五十年来中国之文学》称"章炳麟的古文学是五十年来的第一作家"。1902年、1903年间，章太炎修订《訄书》，改变了以往视孔子为"素王"，作《春秋》是为汉家制法的看法，将孔子定位为"良史"。他从史学的角度来理解经，继承并发展了章学诚"六经皆史"的观念，把儒家经学拉回到了诸子百家的行列，对近代儒学的转型做出了重要贡献。

总结章太炎的一生，他办报刊、宣传维新变法、致力国民革命、讲论国学，用自己的思想和行动，诠释了浙江学术的基本精神，把浙江学术的基本精神推向全国，对中国思想文化的发展做出了重大贡献，堪称"浙学"典范。

本书是"浙学大家"丛书的一种。按照丛书的统一规划，每本书需要用能体现传主学术特点的四个字来命名。这对于学问博大精深的章太炎而言，显然是一件非常困难的事情。鉴于章太炎突出的经学成就，以及他倡导"六经皆史"的学术理念，姑且以"重经明史"来作为本书的书名。不当之处，敬请方家批评指正。

第一章 早期学习经历——章太炎的家世与早年生活

章太炎出生的余杭县位于钱塘江以北，历史上属于"浙西"。历史上的浙江地区，以钱塘江为界分为"浙东"和"浙西"两个部分。"浙东"包括今宁波、绍兴、台州、温州、金华、衢州、丽水地区，"浙西"包括今杭州、嘉兴、湖州地区。"浙东重史学，浙西重经学。"生长于"浙西"的章太炎，自幼秉承浙西学术风气，在时代的洪流中成长为一代学术大师。

　　章太炎的先祖居住在浙江分水县（今浙江省桐庐县），明朝初年迁居余杭。

　　曾祖章均，字安圃，一作安溥，自署治斋，生于清乾隆中。少时入县学，为增广生，成年后做过县学的训导，主要负责训导启迪学生、评定学生品行。据说，当时章家在当地算得上是一个富裕之家。章均曾出资一万多缗创办苕南书院，内设讲堂、考棚、官厅、卧室等，每月两次给学生发放学费；又置田一千余亩，建立章氏义庄，用庄田的收入供养族中孤寡孤独老弱者。

　　祖父章鉴，字聿铭，自署晓湖，附学生，援例为国子监生。章鉴少习举业，中年因为妻子生病，为庸医所误，于是遍购古今医书，潜心研究三十年，自周、秦及唐、宋、明、清的各种著名的医方，烂熟于胸，能为人治病。太平天国运动爆发后，章鉴曾以行医为生。章太炎后来精通医术，是受了其祖父的影响。章鉴还喜欢藏书，据说家中藏有宋、元、明旧椠本5000余卷。

　　章太炎的父亲章濬，字轮香，天资聪颖且口才出众，酷爱读书，其文章华丽而精妙，清新脱俗，尤其擅长诗歌创作。他曾经参加拔萃科考试，因遭人诬陷而放弃。此后，尽管多次尝试乡试，却始终未能金榜题名，他是一个科场失意的读书人。章家在章濬时代，受到太平天国运动的冲击，家境已大不如前，财产所剩无几，仅余下一顷田地。同治初年，左宗棠的军队驻扎在余杭闲林镇时，章濬曾进献地图，并提出了善后策略，获得了左宗棠的赏识。同治五年（1866），湖南人谭钟麟出任杭州知府，章濬被聘为幕僚。两年后，谭钟麟升任河南按察使，有意邀请章濬前往河南任职，章濬以母亲年迈为由，辞职返乡。晚年章濬居家，致力于修复因战乱而破坏的家业，编纂修订家谱，修缮宗祠，勘察荒地，修复水塘，造福乡梓。闲暇之余，则致力于教育子女，以读书自娱。有四子：长子早夭。次子章篯，光绪戊子科（1888）浙江乡试举人，官至嘉兴儒学训导。三子章箴，光绪壬寅科（1902）浙江乡试举人。章太炎排行第四。

章濬立有《家训》，其中有"妄自卑贱，足恭谄笑，为人类中最佣下者。吾自受业亲教师外，未尝拜谒他人门墙。汝曹当知之""精研经训，博通史书，学有成就，乃称名士。徒工词章，尚不足数，况书画之末乎？果果专心一艺，亦足自立，若脱易为之，以眩俗子，斯即谓斗方名士，慎勿堕人"等语①，意思是要尊师重道，深入研究经典，广泛了解历史，学有所成，

_____

① 《章氏笔述》，载《制言》第43期，1937年6月。

做一个真正的"名士"。这些话显示了章濬对子女的期望和要求。章太炎一生重视气节和学术，这显然和他父亲的严格教育是分不开的。

章濬在《家训》中还提到，他曾在诂经精舍担任过监院一职，协助书院的山长（即主持）管理书院事务。他还参与过《诂经精舍课艺文三集》己巳年上、下二卷和《诂经精舍课艺文四集》十六卷的校勘。章太炎在父亲去世后，遵循父亲的遗愿，前往诂经精舍深造，这段经历与章濬有着不可分割的联系。

此外，对章太炎成长影响深远的还有他的外祖父朱有虔。

朱有虔，字秉如，一字左卿，浙江海盐人。其祖父朱兰馨，乾隆年间进士，著有《松乔诗抄》。父亲朱锦琮，历任安徽、江西、山东等地的知县、知府，著有《治经堂诗文集》《信疑随笔》《治经堂外集》等。朱有虔本人为庠生，著有《双桂轩集》和《读书随笔》。他对章太炎的影响主要体现在两个方面：一是教授章太炎学习音韵训诂之学，二是激发了章太炎的民族主义思想。

章太炎在《自定年谱》中记载，他9岁时，"外祖父海盐朱左卿先生讳有虔来课读经。时虽童稚，而授音必审，粗为讲解。课读四年，稍知经训。暇时亦以明、清遗事及王而农、顾宁人著述大旨相晓"①。"授音"和"经训"指的是传授传统的音韵

---

① 《章太炎全集》（第11卷），上海人民出版社2022年版，第751页。以下引用《章太炎全集》均据此本，不另注版本出处。

学和训诂学。读书首先需要识字，而识字则要求掌握字形、字音和字义，这是中国古代学术研究的起始路径。"授音必审"表明章太炎自幼便接受了严格的音韵学教育。"稍知经训"则说明他在九岁的时候就已经初步掌握了训诂学的基本技巧。随后，在其兄长的指导下，章太炎深入研读了许慎的《说文解字》、段玉裁的《说文解字注》、顾炎武的《音学五书》、邵懿行的《尔雅义疏》、王引之的《经义述闻》、阮元的《学海堂经解》、王先谦的《南菁书院经解》等经典著作，以及历代史书、《荀子》《老子》《庄子》等诸子百家的著作。章太炎之所以能成为一位学识渊博的国学大师，与他早期扎实的学术基础和丰富的历史知识积累有着密切的联系。

王夫之（1619—1692），字而农，号姜斋，亦称夕堂，出生于湖广衡阳县（今湖南衡阳），著有《周易外传》《尚书引义》《永历实录》《读通鉴论》《宋论》等著作，是明末清初杰出的思想家。顾炎武（1613—1682），原名顾绛，字忠清，明朝灭亡后更名炎武，字宁人，江苏昆山人氏。由于故居附近有亭林湖，学者们尊称他为亭林先生。其主要著作有《日知录》《天下郡国利病书》《音学五书》等，是清初著名学者，被誉为清学开山始祖。王夫之、顾炎武与浙江余姚的黄宗羲并称为明清之际的三大启蒙思想家，他们三人均参与了明末的反清斗争，对章太炎产生了深远的影响，是他学习和敬仰的对象，对他反清思想的形成产生了重要影响。

光绪六年（1880），章太炎 13 岁时，他的外祖父返回了海盐老家，此后由他的父亲亲自负责他的教育。章太炎在其《自定年谱》中回忆道：家中书架上摆放着蒋良骐的《东华录》，他曾偷偷翻阅，看到书中记载的戴名世、吕留良、曾静的事，感到非常愤怒，因此思考《春秋》中"贱夷狄之旨"。[①]

所谓"戴名世、吕留良、曾静事件"，指的是清初的"《南山集》案"和"吕留良曾静案"两大文字狱。

戴名世（1653—1713），字田有，一字褐夫，号南山，安徽桐城人，康熙四十八年（1709）榜眼，授翰林院编修，晚年在桐城南山上置宅居住，世人尊称之为"南山先生"。戴名世一生以卖文授徒为业，尤其擅长古文，是桐城派的先驱。康熙五十年（1711），因所著《南山集》中奉南明桂王永历为正朔，不用清朝年号等，被左都御史赵申乔告发"言辞狂妄""荒谬不经"，大逆不道，被逮捕入狱，其同乡前辈方孝标及其子孙，以及刊印《南山集》和《孑遗录》的方正玉、尤云等人也受牵连被捕。最终，戴名世被斩首，已故的方孝标尸体被肢解，戴、方两家多人被流放。包括为《南山集》作序的桐城派代表人物方苞也未能幸免。

吕留良、曾静案是清初发生的另一起重大文字狱案。

吕留良（1629—1683），字庄生，又字用晦，号晚村，别号耻斋老人、南阳布衣，嘉兴崇德（今桐乡市崇福镇）人，是明末清初著名学者、思想家、诗文评论家。明亡后，吕留良曾与

---

① 《章太炎全集》（第11卷），第751页。

其侄子吕宣忠一起散家财招募义勇抗清，兵败后归里。顺治十一年（1654），吕留良应陆文霦之约，与陆文霦一起在吴门集市租房子评选清初顺治间的八股时文，主要评点顺治三年（1646）开始八股取士到顺治十一年（1654）间五次科考的文章。吕留良在评点中宣扬"华夷之分大于君臣之伦"的思想，在当时士人学子中影响很大。康熙五年（1666）后，吕留良隐居崇德，开办天盖楼刻局，继续评选时文，自刻自售，并创办南阳讲学堂，设馆授徒。他通过评选八股时文，宣传严"夷夏之防"和恢复"井田""封建"制的政治主张，很受士子欢迎，一时"天盖楼"选本风行全国。康熙十九年（1680），清廷征聘天下山林隐逸，嘉兴郡守推荐吕留良，吕留良为躲避应征，削发为僧，取法名耐可，字不昧，号何求老人，到吴兴埭溪之妙山，筑庵讲学。康熙二十二年（1683）八月病逝。

吕留良去世四十五年后，雍正六年（1728），湖南郴州永兴人曾静（1679—1735）在州城应试时，读到吕留良评选的八股时文，对吕留良非常崇拜，认为他是"本朝第一等人物。举凡一切言议，皆当以他为宗"，并私淑吕留良为"宗师"。"不惟以为师，且以他为一世的豪杰"，至谓"明末皇帝该吕子做"。[1]派学生张熙投书川陕总督岳钟琪，策动岳氏反清，被岳钟琪举报。事发后，曾静供出因读吕留良评选时文论夷、夏语激烈，遂派张熙赴吕留良家乡寻访吕留良遗书，并与吕留良子

---

① 详见《大义觉迷录·奉旨讯曾静口供二十四条》，雍正间刻本，中国国家图书馆藏。

吕毅中，及其弟子严鸿逵、鸿逵弟子沈在宽等往来，"沉溺其说，妄生异心"①。雍正皇帝下旨令浙江总督李卫缉拿吕留良的亲族和门生，同时搜缴其书籍著作，禁毁其著述。雍正七年（1729），雍正皇帝下令将该案的全部谕旨、审讯记录、口供记录等编辑在一起，附以曾静的认罪书《归仁说》，集成《大义觉迷录》刊刻，并发行全国各府州县，"让读书士子及乡曲小民共知"。雍正十年（1732）十二月，雍正皇帝下令治吕留良罪。已故的吕留良及其子吕葆中、学生严鸿逵戮尸枭示，吕留良子吕毅中、学生沈在宽斩立决，子孙发配宁古塔为奴。雍正十三年（1735）八月，雍正皇帝去世。十月，乾隆皇帝即位，以"悖乱凶顽，大逆不道"为由，将曾静、张熙处死。

1906年，章太炎在东京留学生欢迎会的演说中还提到了查嗣庭案。

查嗣庭（1664—1727），字润木，海宁人。康熙四十五年（1706）进士，选庶吉士，散馆授翰林院编修。雍正元年（1723），授内阁学士，兼礼部侍郎衔。四年（1726），任江西乡试正考官。九月，查嗣庭被雍正皇帝以"命题讥讪"，交三法司行"大逆不道"罪。理由是，查嗣庭任江西乡试正考官时所出首题"君子不以言举人，不以人废言"，被指"显与国家取士之道相背谬"；《易经》次题"正人而天地之情可见矣"，《诗经》次题"百室盈止妇子宁止"，前有"正"字，后有"止"字，前

①赵尔巽等撰：《清史稿》卷291，中华书局校点本1977年版，第10289页。

后联系起来，寓意"一止之象"，与雍正三年（1725）汪景祺案寓意相同。①

　　查嗣庭被捕入狱后，又在其寓所及行李中查出日记两本，"悖乱荒唐、怨诽捏造之语甚多"。其中有对皇帝悖礼不敬之事，例如康熙六十一年（1722）十一月十三日，日记书康熙皇帝"升遐（去世）大事"，越数行即书其患病，"腹疾大发，狼狈不堪"。雍正元年（1723）以后，凡遇朔、望日朝会及雍正皇帝亲行祭奠之日，其在日记中必写"大风"，或"狂风大作"；偶尔遇雨，则书"大雨倾盆"，或"大冰雹"，有"讥刺时事，幸灾乐祸"之意。对于康熙皇帝的用人行事，查嗣庭在日记中也大肆"讪谤"。例如，以钦赐进士为"滥举"，以戴名世之获罪为文字之祸，以康熙五十年（1711）江南科场舞弊案中副主考官赵晋被正法是因为江南流传对联所致、考官方名被正法是冤枉等，甚至"受人嘱托，代人营求，科场关节作弊之事，不可枚举"等。雍正皇帝遂下旨，"着将查嗣庭革职拿问，交三法司严审定拟"。同年十月，以查嗣庭玷辱科名，停浙江八乡

────────────

①汪景祺（1672—1726），原名日祺，字无已，号星堂，钱塘（今浙江杭州）人，雍正二年（1724），被引荐给年羹尧做幕僚，因著《西征随笔》获罪。雍正三年（1725）十二月，年羹尧被赐自尽一周之后，雍正皇帝下旨，以"作诗讥讪圣祖仁皇帝，大逆不道"，将汪景祺处以极刑，其妻子发配黑龙江为奴，其期服之内的亲兄弟、亲侄，俱革职发配宁古塔；其五服以内的族人，时任及候选候补者，俱一一革职。汪景祺的头颅被悬挂在菜市口的通衢大道上，直到十年后，乾隆皇帝登基，才被允许择地掩埋。

会试。[1]

上述文字狱，对章太炎的影响是深远的，以至于1933年，辛亥革命二十周年纪念，章太炎在苏州国学会发表演讲时还提及，自己年幼时受外祖父影响，竟发出"明朝亡于清朝，还不如亡于李自成"的狂论，其浓烈的反清情绪可见一斑。

在外祖父的指导下，章太炎还读了《扬州十日记》《嘉定屠城记略》《明季稗史》等记载清人下江南时江浙地区人民反清斗争的著作，也是其民族主义思想形成的重要催化剂。

---

①蒋良骐撰，林树惠、傅贵九点校：《东华录》（第28卷），中华书局1980年版，第468页。

第二节 求学诂经精舍

光绪十六年（1890），章太炎的父亲章濬不幸病逝，年仅23岁的章太炎离开了余杭仓前镇的家，前往杭州府城，进入诂经精舍学习，开始了他人生中至关重要的一段学术旅程。章太炎在《自定年谱》中回忆道："正月，先君殁……时德清俞荫甫先生主教，因得从学。并就仁和高宰平先生问经，谭仲仪先生问文辞法度。同学相知者，杨誉龙云成最深。"①

诂经精舍坐落在杭州西子湖畔，孤山南麓，是由清代浙江巡抚阮元所创建的一所著名书院。

阮元（1764—1849），字伯元，号芸台，江苏扬州仪征人，是清朝杰出的学者型官员，有"三朝阁老，九省疆臣"之誉。阮元学识渊博，造诣深厚，在经史、文学、金石、小学、天算等领域均有建树，是乾嘉学派的杰出代表。他著有《经籍籑诂》《十三经校勘记》《山左金石志》《两浙金石志》《揅经室集》

---

① 《章太炎全集》（第11卷），第752页。

等。此外，他还编纂了《皇清经解》，该书收录了73位作者的188种著作，共计1400卷，是儒家经学注解的集大成之作。

阮元所到之处，始终致力于倡导学术研究和振兴文化教育。嘉庆二年（1797），时任浙江学政的阮元在杭州孤山南麓建立了五十间房舍，并精心挑选了两浙地区的学者，共同编纂了《经籍籑诂》共108卷。嘉庆六年（1801），阮元改任浙江巡抚，他将编纂《经籍籑诂》时所用的房舍改造成了书院，命名为"诂经精舍"，并选拔了他所熟悉的"文行兼长之士"进入书院学习。阮元在《西湖诂经精舍记》中写道：

> 于督学浙江时，聚诸生于西湖孤山之麓，成《经籍籑诂》百有八卷。及抚浙，遂以昔日修书之屋五十间，选两浙诸生学古者，读书其中，题曰"诂经精舍"。"精舍"者，汉学生徒所居之名；"诂经"者，不忘旧业且勖新知也。[1]

诂经精舍是一所独具特色的书院，其教育宗旨并非单纯地帮助学生应对科举考试。精舍内供奉许慎、郑玄木主，彰显了其遵循许、郑学术传统的教育理念。在课程设置上，它强调经古之学，同时也不忽略对辞赋等文学领域的广泛涉猎；在教学方法上，它提倡自由讨论和因材施教，实行"导师制"，著名学

---

[1]阮元：《西湖诂经精舍记》，载《揅经室集》（上），中华书局1993年版，第547页。

者王昶、孙星衍等都曾经受聘在精舍讲过学。诂经精舍吸引了许多来自浙江各地的杰出学子，为浙江乃至江南地区培养了大批人才。著名的，如陈鸿寿、陈文述、李富孙、洪颐煊、洪震煊、金鹗等，都在此接受过教育。

嘉庆十三年（1808）秋，浙江乡试期间，浙江学政刘凤诰因代替巡抚阮元监考，涉嫌对考生徐某"徇私"而遭到御史弹劾。最终，刘凤诰被流放至黑龙江，阮元也因此受到牵连被罢免官职，离开了浙江。阮元离开后，诂经精舍失去了主持者，面临经费短缺的问题，不得不暂停运营。直到同治五年（1866），浙江布政使蒋益澧捐资重建书院，并邀请俞樾担任讲席，诂经精舍才得以重焕生机，恢复了往日的繁荣。

俞樾（1821—1907），字荫甫，自号曲园居士，浙江德清人。道光三十年（1850）进士，改庶吉士，授翰林院编修。咸丰五年（1855），任河南学政。咸丰七年（1857），御史曹登庸参奏俞樾"轻浮乖谬，出题割裂，科试郏县几至罢考"。[①]俞樾因之罢职，侨居苏州，潜心学术达四十年之久。

俞樾是清末最著名的学者之一，治学以经学为主，旁及诸子学、史学、训诂学，乃至戏曲、诗词、小说、书法等。其治经以高邮王念孙、王引之父子为宗，认为治经之道，大要在正句读，审字义，通古文假借，三者之中，尤以通假借为要。所著《群经平议》即学习王念孙父子所著《经义述闻》，用汉儒

① 翁心存著，张剑整理：《翁心存日记》，中华书局2011年版，第1249页。

"读为""读曰"之例，发明故训，以正文字。《诸子平议》则仿效王氏《读书杂志》而作，校误文，明古义。又取九经、诸子之例八十八条，每一条各举数事以为例，成《古书疑义举例》，使读者习知其例，有所据依，作为读古书之帮助。章太炎后来为俞樾作传，称该三书"尤能确守家法，有功经籍"。

俞樾执掌诂经精舍，悉依阮元成法，推崇古文经学，以"通晓古言，推明古制""训诂名物以求义理"为宗旨，以"发明古义，是正文字""因文见道"①，通经致用，为浙江乃至江浙地区培育了众多杰出学子。著名的有戴望、黄以周、朱一新、施补华、王诒寿、冯一梅、吴庆坻、吴承志、袁昶等，章太炎也是其中之一。

诂经精舍的教学方法强调自学，遇到困难时，学生可以向老师寻求帮助。据章太炎记载，他初入诂经精舍时，自视甚高，好几次想拜见俞樾，结果都被拒之门外。终于有一天，章太炎见到了俞樾。俞樾向他提出了两个问题：其一，《礼记·明堂位》中提到"有虞氏官五十，夏后氏官百，殷二百，周三百"，郑玄注解称周朝有三百六十个官职。俞樾问：这里讲"周三百"，《礼记》成书时《冬官》已亡佚。《冬官》在汉初已亡佚，但周末时尚存，郑玄为何注解为"《冬官》亡"？章太炎回答道：《王制》中有关于三卿五大大的记载。据孔颖达疏，诸侯不设立宗宰、宗伯、司寇等官职，而有小司徒、小司寇、小司空、

小司马等小卿，因此大夫的数量是五而非六。根据《周礼》，应当减少三百之数，这与《冬官》是否存亡无关。另一个问题是，《孝经》中提到"先王有至德要道"，这里的"先王"指的是谁？郑玄注解为大禹，那么为何孝道要从大禹开始？章太炎回答说：《孝经》中所说的"先王有至德要道以顺天下"，是指政治上的孝道，与普通人不同。夏后氏实行世袭制，才有政治上的孝道，因此孝道始于大禹。对于这两个问题的回答，俞樾非常满意，章太炎也因此有一丝得意，自认为在同辈之中，"知人所不知"。

章太炎在诂经精舍学习，老师除了俞樾之外，还有谭献、黄以周、高学治等人。

谭献（1832—1901），原名廷献，字仲修，号复堂，浙江仁和（今杭州市）人，做过安徽歙县、全椒、合肥、宿松等县的知县。同治四年（1865）至六年（1867）间，谭献曾任诂经精舍的监院。光绪十六年（1890），张之洞任湖广总督时，应张之洞之邀，谭献担任武昌经心书院的讲席。光绪二十六年（1900）九月，再次被诂经精舍聘任，直至去世。著有《复堂类集》《复堂日记》《箧中词》等。

谭献是晚清杭州的文化名人，其在词学领域的贡献尤为显著，在文学史，特别是在近代词学史上有举足轻重的地位，被誉为是连接浙派与常州派的桥梁，开创了新的词学典范。章太炎年轻时仰慕韩愈的文章造词之法，曾向谭献请教文章声律的技巧。

　　黄以周（1828—1899），字元同，号儆季，又号哉生，浙江定海（今舟山市定海区）人。同治九年（1870）举人。曾做过遂昌、海盐、於潜等县儒学训导。光绪十五年（1889），黄以周受聘为江阴南菁书院讲席，主持书院长达15年，江南众多学者皆出自其门下，是一代名儒。黄以周之父黄式三（1789—1862），字邦恪，号薇香，又号儆居，岁贡生，致力于经学研究，著有《易释》《尚书启蒙》《春秋释》《论语后案》等。黄以周自幼继承家学，致力于"传经明道"。他治学态度严谨，实事求是，融合汉宋学派之长，不分古今，与俞樾、孙诒让并称为清末"浙江三先生"。所著《礼书通故》100卷，详尽考释了中国古代的礼制、学制、国封、职官、田赋、乐律、刑法、名物、占卜等，纠正了众多旧注的错误，被誉为清代礼学的集大成之作。章太炎在诂经精舍学习时曾拜访黄以周，后来在《黄先生传》中，高度赞扬黄以周"博文约礼，躬行君子，淡泊名利，超然物外"。在《清儒》一文中，章太炎称黄以周为浙东学派的集大成者。

　　高学治（1814—1895），字宰平，浙江仁和（今杭州市）人，曾任乌程县（今属湖州市）训导。高学治早年师从劳格兄弟学习朴学，专攻三礼及四家诗，旁及金石学。章太炎见到高学治时，高学治已75岁高龄，但依然每日勤丁读书，这让章太炎深感敬佩。章太炎多次向高学治请教经学问题，受益匪浅，自称"由是说经益谨"。高学治曾告诫章太炎，自惠栋、戴震之后，朴学虽有传承，但缺少程朱理学家中的"行义卓绝"者，也缺少两汉经师"坚苦忍形，遁世而不闷"的学术品格，提醒章太炎要时刻注意自己的操行，不要随波逐流。[①]这对章太炎学术品格的形成产生了深远的影响。

在诂经精舍学习期间，章太炎还结识了许多朋友和同学，其中关系较为密切的，除了前文提及的杨誉龙外，还有崔适、夏曾佑、宋恕等人。他们在不同领域、不同程度上对章太炎的思想和人生观产生了影响。

杨誉龙，字云成，吴县（今江苏苏州）人，能书画，对经学有自己独到的研究。《诂经精舍课艺》中收录了他28篇课艺文，数量之多，仅次于章太炎。

崔适（1852—1924），字怀瑾，一字觯甫，浙江吴兴（今属湖州市）人，早年学习校勘、训诂之学，学术风格倾向于融合今、古文经学，著有《史记探源》《春秋复始》《论语足征记》《五经释要》等。崔适是章太炎诂经精舍的同学，也是俞樾的高徒。《诂经精舍课艺》第六集、第七集、第八集中收录了崔适所作的文章10篇。1914年后，他两次受聘于北京大学担任教职。宣统三年（1911）冬，浙江全省学者筹组国学会，邀请章太炎讲学，崔适亦在被邀请之列。后来，章太炎因故未能成行，他推荐崔适及杨誉龙代理。

夏曾佑（1863—1924），字遂卿，又作穗卿，号别士（一说笔名）、碎佛。杭县（今浙江省杭州市）人，历任清礼部主事、

---

① 《章太炎全集》（第8卷），第215—216页。

中华民国教育部普通教育司司长、京师图书馆馆长等。光绪二十三年（1897），在天津与严复等人共同创办《国闻报》，宣传新学，倡导变法。夏曾佑与章太炎是诂经精舍同学，他对经学、佛学有深入的研究，与章太炎相互影响。夏曾佑所著《最新中学中国历史教科书》（后改名《中国古代史》），是近代中国首次尝试用进化论研究中国历史的著作，被誉为当时最好的教科书。

宋恕（1862—1910），原名存礼，字燕生，号谨斋，后改名恕，字平子，号六斋，浙江平阳人。他熟悉变法和"时务"，精研佛学，是早期维新运动的活跃分子，著有《六斋卑议》等。梁启超称赞他为"东瓯布衣识绝伦，梨洲以后一天民"。章太炎后来到上海参与《时务报》的编辑工作，部分原因就是受到宋恕的影响，章太炎对佛学的兴趣也是由他所激发。

章太炎在诂经精舍期间，主要著述有《膏兰室札记》《诂经札记》《春秋左传读》等。

《膏兰室札记》是章太炎现存最早的学术著作，成书于光绪十七年（1891）至十九年（1893），是他在诂经精舍时期的读书札记。《膏兰室札记》原著四卷，其中一卷遗失，今存三卷。章太炎自己的住所名为"膏兰室"，所以该书书名为《膏兰室札记》。该书卷一231条，卷二155条，卷三88条，共474条。考释的典籍，主要有《尔雅》《说文解字》《广韵》《训纂》《易》《易辨终备》《论语》《管子》《墨子》《荀子》《庄子》《晏子春秋》《尸子》《列子》《文子》《商君书》《吕氏春秋》《淮南子》

《扬子法言》《盐铁论》《申鉴》《白虎通义》《论衡》《书》《尚书中候》《尚书大传》《仪礼》《周礼》《大戴礼记》《礼记》《礼斗威仪》《国语》《公羊传》《穀梁传》《山海经》《穆天子传》《吴越春秋》《新序》《说苑》《史记》《汉书》《后汉书》《晋书》《隋书》《宋书》《史通》《诗》《楚辞》《文心雕龙》等，均逐条考释文句，间有驳论，也都有自己的见解。例如，所考证《墨子》共有 39 条，可以补正孙诒让《墨子间诂》的不足。考证《礼记》的部分，有学者认为可以与王念孙《读书杂志》、俞樾《诸子平议》、孙诒让《札迻》相媲美，具有比较高的学术价值。①

《春秋左传读》完成于光绪二十二年（1896），是章太炎在诂经精舍求学期间所撰写的最重要的经学著作，亦是他最为推崇的学术作品之一。全书洋洋洒洒五十万字，分为九卷，采用读书札记的形式，对《春秋左氏传》中的古字古词、典章名物以及微言大义进行了详尽的考订和诠释，并提出了许多独到的见解。

章太炎对《春秋》和《左传》的研究与清代公羊学的兴起紧密相关。在清代，随着公羊学派的复兴，经今、古文学派之间的对立日益尖锐。双方争论的核心在于对《春秋》的理解，尤其是对《春秋》三传的解读。在三传之中，尤以《左传》真伪问题的论争最为激烈。

---

① 《章太炎全集》（第 1 卷），第 267 页。

　　清代公羊学的奠基人刘逢禄，江苏武进（今属常州）人，其学术成就深受外祖父庄存与（1719—1788）的影响。庄存与，字方耕，号养恬，是清代杰出的经学家。作为今文经学的代表人物，庄存与专注于《公羊传》的阐释，强调《春秋》中的"微言大义"，创立了常州学派。刘逢禄自幼受到庄存与的熏陶，致力于经学研究，著有《春秋公羊经何氏释例》十卷、《公羊何氏解诂笺》一卷、《箴膏肓评》一卷、《发墨守评》一卷、《穀梁废疾申何》一卷、《左氏春秋考证》二卷等。刘逢禄治学不分汉、宋，也不分今、古，只推重公羊学，奉公羊学为汉学正统。他广泛搜集《左传》以及《史记》《汉书》《经典释文》等文献中的例证，来证明《左传》之伪，进而对古文经的真实性提出了质疑，动摇了古文经学的绝对权威，在当时影响很大。章太炎的《春秋左传叙录》《后证砭》《驳箴膏肓评》等，均是为反驳刘逢禄而作的。他通过对《春秋》和《左传》的深入研究，撰写了《春秋左传读》《左氏春秋考证砭》《砭后证》和《驳箴膏肓评》各一卷，对刘逢禄等人的观点进行了有力的反驳。

　　诂经精舍一直保持着汇编学生作品集的传统。早在嘉庆年间，阮元便编纂并出版了《诂经精舍文集》，随后在道光年间，罗文俊也编纂并出版了《诂经精舍文续集》。俞樾继续保持了这一传统，陆续编纂并出版了第三至第八集。现存的《诂经精舍文集》共八集，总计九十三卷，收录了两千余篇经解、诗赋、杂文等作品，这些作品充分展现了当时学生的学术观点，对于研究清代浙江地区的学术发展具有重要的价值。章太炎在诂经精舍期间所作的课艺被收录于第七集，内容涵盖了他对《易》《书》《诗》《礼》《春秋左传》等经典文献中文字音义的见解。他的诠释不拘泥于传统注释，常有创新之见，这不仅反映了他在诂经精舍期间的学习方法和学术观点，也展现了他独特的学术风格。例如，在解读《尚书·商书·咸有一德》中关于商王祖乙"圮于耿"的记载时，章太炎提出了与东汉学者郑玄不同的见解。郑玄认为祖乙因水灾而迁都，而章太炎则认为郑玄的解释过于夸张，他指出水灾虽严重，但不足以导致迁都，而是应在耿地建造浮桥。章太炎的这种见解体现了他对古文献的深入研究和对历史事实的严谨考证。

正是在诂经精舍的学习经历，使章太炎具备了精研故训、博考事实的学习方法，为他日后成为国学大师奠定了坚实的基础。

第二章

革命先觉——章太炎的维新与反清活动

光绪二十年（1894）7月，中日甲午战争爆发，清政府经营多年的北洋水师战败。次年4月17日，清政府被迫签订了不平等的《马关条约》，清政府历时三十多年的洋务运动以失败告终，中国的民族危机空前严重，半殖民地化程度大大加深。光绪二十三年（1897），章太炎离开诂经精舍，加入《时务报》，投身于宣传维新变法和反清革命的洪流之中。

维新志士

光绪二十一年（1895），当《马关条约》签订的消息传到北京，正在北京参加会试的举人们群情激昂，特别是来自台湾的举人，他们痛哭流涕。4月22日，康有为撰写了一份长达18000字的《上今上皇帝书》，得到了18省举人的广泛响应，1200多人联合署名，提出了反对和议、迁都、练兵、变法等主张。5月2日，18省举人与数千市民聚集在都察院门前，请求代为上奏。这就是历史上著名的"公车上书"。这一事件，标志着酝酿多年的资产阶级维新变法思潮已发展为爱国救亡的政治活动，唤醒了中国人救亡图存的维新思想，引起全社会的极大震动。康有为成为维新运动的领军人物。8月17日，康有为等人在北京创办《万国公报》（12月更名为《中外纪闻》），并成立了强学会，以"变法图强"为口号，传播维新思想，为戊戌变法拉开了序幕。11月，康有为前往上海，与梁鼎芬、张謇、黄遵宪、汪康年等人共同发起组织上海强学分会，并将学会章程分发至江浙各书院，招募会员。其时在诂经精舍学习的章太炎也看到了强学会章程，并缴纳了16元会费，报名入会，成为维新派一员。这一年，章太炎27岁。光绪二十二年（1896）12月，梁启超、汪康年等派遣叶浩吾（瀚）前往杭州邀请章太炎加入《时务报》，章太炎接受了叶浩吾等人的邀请，于次年1月离开诂经精舍，前往上海担任《时务报》撰述，开始了他维新变法的生涯。

一、参编《时务报》等

《时务报》于光绪二十二年（1896）8月9日在上海创刊，由黄遵宪、汪康年和梁启超共同创办，梁启超担任主笔，汪康年担任总经理。《时务报》以变法图存为宗旨，开设有论说、谕折、京外近事以及域外报译等专栏，是当时维新派最重要、影响最大的报纸。在创刊初期，梁启超在《时务报》上发表了诸如《变法通议》《论中国积弱由于防弊》《论君政民政相嬗之理》等文章，痛陈时弊，倡导维新变法。梁启超的文章文字通俗易懂，见解新颖，深受当时知识分子的青睐。据悉，《时务报》在发行一年后，其发行量便攀升至12000余份，最高时甚至达到17000余份。

光绪二十三年（1897）2月，章太炎在《时务报》第18期上发表了题为《论亚洲宜自为唇齿》的文章，主张中国借鉴日本的奋发图强精神，适应时代变迁，改革体制。他视俄罗斯为中国的主要威胁，鉴于中日两国地理相近、文化相依，他提出中日应联手，以远拒西方列强，近抗俄罗斯的侵略。3月，在《时务报》第19期上，章太炎又发表了《论学会有大益于黄人

亟宜保护》的文章，倡导学习儒家和墨家的学说，以抵御西方
文化的影响，保护黄种人的血统纯正。他强调，当前最紧迫的
任务是"以革政挽革命"。他认为，在中国，"革命"传统上指
的是王朝的更迭，但如今，一些不法之徒，学习西方的做法，
假借革命之名以图谋不轨。他警示说，随着民智的开启，这种
趋势将越来越被效仿。从今往后，中国四亿人民将无法安于现
状。因此，当前的首要任务是"以教卫民，以民卫国"，"以革
政挽革命"。①

　　初出茅庐的章太炎，其《论亚洲宜自为唇齿》《论学会有大
益于黄人亟宜保护》的观点未必成熟，但他的文风和学问却赢
得了时人的赞誉，大大提高了其社会声誉。谭嗣同在二月初七
写给汪康年和梁启超的信中称"贵馆添聘章枚叔先生，读其文，
真巨子也。大致卓公似贾谊，章似司马相如"②，称赞章太炎之
文风有大家风范，把他比作西汉著名的辞赋家司马相如。三月
十一，黄遵宪在给汪康年的信中也提到了章太炎，盛赞"章枚
叔、麦孺博均高材生，大张吾军，使人增气。章君《学会论》，
甚雄丽"③。

　　然而，章太炎在《时务报》的编辑工作持续的时间并不长。
光绪二十三年（1897）4月底，章太炎便已辞别《时务报》，返
回杭州。他为何离开《时务报》？4月20日，章太炎在写给其师

---

① 《章太炎全集》（第10卷），第12页。

② 谭嗣同撰，何执校点：《谭嗣同集》，岳麓书社2012年版，第557页。

③ 《黄遵宪集》，中华书局2005年版，第466页。

谭献的信中，详细叙说了事情的来龙去脉：

> 麟自与梁、麦诸子相遇，论及学派，辄如冰炭。仲华亦假馆沪上，每有论议，常与康学抵牾。惜其才气太弱，学识未富，失据败绩，时亦有之。卓如门人梁作霖者，至斥以陋儒，诋以狗曲……康党诸大贤，以长素为教皇，又目为南海圣人，谓不及十年，当有符命。其人目光炯炯如岩下电，此病狂语，不值一笑。而好之者乃如蛣蜣转丸，则不得不大声疾呼，直攻其妄。尝谓邓析、少正卯、卢杞、吕惠卿辈，咄此康瓠，皆未能为之奴隶。若钟伯敬、李卓吾，狂悖恣肆，造言不经，乃榛真似之。私议及此，属垣漏言，康党衔次骨矣。会谭复笙来自江南，以卓如文比贾生，以麟文比相如，未称麦君，麦忮忌甚。三月十三日，康党麕至，攘臂大哄，梁作霖复欲往殴仲华，昌言于众曰：昔在粤中，有某孝廉诋諆康氏，于广坐殴之，今复殴彼二人者，足以自信其学矣。①

信件中提及的"梁"和"麦"分别指的是梁启超和麦孟华（字孺博），他们都是康有为的弟子，追随康有为维新变法。梁启超时任《时务报》的主编，麦孟华则是该报的撰稿人。"仲华"指的是沈仲华，本名荣枝，仲华是他的字。沈仲华与章太

---

① 《章太炎全集》（第12卷），第13—14页。

炎是同乡好友，当时也在报馆服务。在《时务报》的编辑部内，由于学术立场的不同，沈仲华经常与康有为的支持者发生言语冲突。梁启超的弟子梁作霖甚至用尖刻的言辞侮辱沈仲华，骂他为"陋儒"，"诋以狗曲"。康有为的弟子们吹捧康有为为"教皇"和"南海圣人"，预言不出十年，必有"符命"降临，说到高兴时，甚至目光炯炯，如山崖之下的闪电。章太炎看不惯康门弟子的言行，斥之为"病狂语，不值一笑"，如"蜣螂转丸"，并把他们比作历史上的邓析、少正卯、卢杞、吕惠卿、钟伯敬、李卓吾等非圣非孔、离经叛道、不守法度、强言好辩的一类人物，也引起了康门弟子的强烈不满。谭嗣同在写给汪康年和梁启超的信中将梁启超的文章比作贾谊，将章太炎的文章比作司马相如，却未提及麦孟华，麦氏也心生嫉妒。3月13日，康有为的弟子们群集报馆，结果双方发生了激烈的肢体冲突。章太炎与沈仲华不得不返回杭州，以避祸端。

这场冲突的深层原因在于章太炎与康有为、梁启超在学术立场上的分歧。章太炎坚持古文经学的立场，而康有为则倾向于今文经学。今文经学指的是汉初儒生口头传授，并用当时流行的隶书（今文）记录下来的经籍，而古文经学则是指汉代前期从民间搜集或在孔子故宅壁间发现的，用先秦古文字写成的经籍。表面上看，两者的区别仅在于书写文字的不同，但实际上反映了不同的学术理念：古文经学尊崇周公，将孔子视为"述而不作，信而好古"的先师，在治学方法上更偏重训诂；而今文经学则认为六经皆为孔子所作，将孔子视为托古改制的

"素王"，强调阐发经文的"微言大义"，主张通经致用。古文经学视孔子为史学家，今文经学则视孔子为政治家。康有为在《新学伪经考》和《孔子改制考》中论证了东汉以来的经学都是伪造的，尧、舜等圣王都是孔子假托的，孔子实际上是变法改制者。他认为孔子的改制是一种政治革命、社会改造，并且用谶纬之言神秘化孔子。康有为认为孔子在临终前受天之命，为即将到来的新王朝设计新制，是跨越百世的教主。康有为借助孔子的名义为维新变法制造舆论，对推动戊戌变法产生了重大影响。然而，对于坚持古文经学立场、注重字斟句酌、严密考证的章太炎来说，这始终难以接受。《新学伪经考》出版后，章太炎认为其"恣肆"，曾计划撰写数十条驳议来反驳康有为的《新学伪经考》，后来在孙诒让的劝解下，才放弃了这一计划。在时务报馆工作期间，尽管章太炎在政治上支持康、梁的变法，但他的古文经学立场始终坚定不移。他在《自定年谱》中表示："古今文经说，余始终不能与彼合也。"①章太炎后来回忆说："中岁主《时务报》，与康、梁诸子委蛇，亦尝言及变法。当是时，固以为民气获伸，则满洲五百万人必不能自立于汉土。其言虽与今异，其旨则与今同。昔为间接之革命，今为直接之革命，何有所谓始欲维新、终创革命者哉？"②

　　同年6月，章太炎返回杭州，并与董祖寿、宋恕等人共同

---

① 《章太炎全集》（第11卷），第754页。

② 《章太炎全集》（第10卷），第240页。

发起了"兴浙会"。8月，被聘为《经世报》的主笔。

"兴浙会"，亦称"兴浙学会"，致力于研究刘基、于谦、王阳明、黄宗羲、张煌言等浙江历史上的杰出人物。该学会的宗旨在于继承和发扬浙江人的优秀传统，以期振兴浙江，进而推动中国的复兴和亚洲的振兴。

刘基、于谦、王阳明、黄宗羲、张煌言均为浙江历史上的杰出人物。刘基，字伯温，是元末明初的杰出政治家，辅佐朱元璋建立大明王朝，朱元璋曾将他比作汉代的张良。于谦，字廷益，号节庵，是明朝永乐年间的进士。正统十四年（1449），明英宗率军北伐，在土木堡（今河北省怀来县东）兵败被俘，史称"土木之变"。事发后，有人主张将都城南迁避祸，于谦力排众议，拒绝南迁，督师保卫北京，成为国家的功臣。著名的《石灰吟》"千锤万凿出深山，烈火焚烧若等闲。粉骨碎身浑不怕，要留清白在人间"，就是他的作品。王阳明即王守仁，字伯安，号阳明，生活在明孝宗、武宗、世宗时期，提倡"致良知"和"知行合一"，是著名思想家，心学的集大成者。正德十四年（1519），王阳明奉命平定了宁王朱宸濠在南昌的叛乱。嘉靖年间，率兵平定了南赣地区的匪患，清代学者王士祯称赞其"立德、立功、立言，皆居绝顶，为明（朝）第一流人物"。黄宗羲，字太冲，号南雷先生，是明末清初的著名学者，著有《明夷待访录》和《明儒学案》等。清军入关后，黄宗羲招募里中子弟数百人组成"世忠营"，在余姚一带举兵抗清达数年之久，南明朝廷授予他监察御史及兵部职方司主事之职。清顺治十年

（1653），黄宗羲返回故里，以讲学授业为生，直至去世。曾多次拒绝了朝廷的出仕邀请。张煌言，字玄著，号苍水，清军入关后，拥立南明王朝，是当时抗清的旗帜性人物，康熙三年（1664）被杀害于杭州，葬于杭州西湖。张煌言与岳飞、于谦一起被誉为"西湖三杰"。

章太炎在《兴浙会章程》中说："学问之道，有教无类。刘、于、王、黄、张五公，文学勋业、风节行谊，于浙中为特箸，而时代亦最近，故举之为职志。"①在《兴浙会序》中，章太炎对五人的"文学勋业、风节行谊"进行了详尽的描述：

> 辅翼世主，削平寇盗，潢池既靖，遂其初志。盖秉狼弧志威，致届胡酋，使肉食之兽，窜身槛窟，华夏故鼎，反于磿室，论功最高，莫若刘文成。宗稷既危，援立奥主，戈铤所指，北虏震栗，钩日于悲泉、蒙谷，而反之于榑桑，尊攘之绩，莫若于忠肃。探赜索隐，定天下之吉凶，成天下之亹亹，神阘不能螫，逆番不能触，终屠戮刑天，以奠王室，若王文成者，学与政兼之矣。有师文成之学，而丁时不淑，功不得成。知君相之道，犹守令与丞薄，不敢效便嬖藏获之殉身其主，于是比迹箕子，以阐大同。斯虽不足以存明社，而能使异于明者，亦不得久存其社。②

---

① 《章太炎全集》（第10卷），第32页。

② 《章太炎全集》（第10卷），第31页。

在章太炎看来，刘、于、王、黄、张五人代表了浙江人的精神风貌。刘、于、王、黄四人是"环地球之师"，即人的楷模；张煌言是浙江的典范。然而，现实中的浙江，"隐居求志者，盖时见于山樊。然或讼言时务，而不能深探其本；或以旧学为城堞，其学不足经世。离群涣处，莫相切厉，卒迷阳而不返"。因此，章太炎创立了兴浙会，呼吁大家深入研究刘、于、王、黄、张五先生的言行，通达时务，经世致用，振兴浙学。他认为，振兴浙江即是振兴中国，而振兴中国亦是振兴亚洲。站在今天的角度来看，章太炎所提及的刘、于、王、黄、张五人并不能全面代表浙江人的精神和学术，但在当时的历史背景下，章太炎的"兴浙"理念具有浓厚的政治色彩。

同年8月，胡道南和童学琦创办了《经世报》，并聘请章太炎担任主笔。《经世报》的名称蕴含着"《春秋》经世之责"的深意，实际上是以古论今，倡导变法维新。《经世报》创办者胡道南、童学琦，以及核心成员章太炎、宋恕、陈虬等均为浙江人，显示出浓厚的地域特色。《经世报》以"论说"为主，内容包括翻译英、法、日文报刊文章，介绍国内外时政和新知识、新学术。章太炎在该刊上发表了《变法箴言》《平等论》《读〈管子〉书后》《东方盛衰论》等文章，主要目的是宣传变法维新。在《变法箴言》中，他强调了变法的重要性："大波将激，大火将燫，而无忧怖者，其人情乎哉！""议变法者，吾党之责也。"①

---

① 《章太炎全集》（第10卷），第16—18页。

强调变法不是空谈，必须亲自实践；如果亲自实践仍无法成功，那么即使赴汤蹈火、冒死前行也在所不惜。在《平等论》中，他主张平等观念有助于政治和教育。《读〈管子〉书后》认为《侈靡》是《管子》书中《轻重》诸篇的核心，也是欧洲商业贸易思想的根基。章太炎的这些文章，旨在"别树正帜"，以"廓清康学"，这导致他与《经世报》的另一主笔陈虬，以及胡道南、童学琦等人产生了分歧。不到一个月，章太炎即离开《经世报》，应王仁俊之邀，赴上海任《实学报》总撰述。

王仁俊（1866—1913），字捍郑，亦称干臣，别号感莼，又号籀许，江苏吴县（今属苏州市）人，光绪十八年（1892）进士，选翰林院庶吉士，散馆改吏部主事，是近代知名的史学家、金石学家。著有《格致古征》《群经讲义》《毛诗草木今名释》《尔雅疑义》《艺文志》《西夏文缀》《白虎通义集校》《碑版丛录》《存古堂丛刻》等。光绪二十三年（1897），王仁俊在上海创办《实学报》，自任总理，章太炎为总撰述，另有撰述、翻译等多人。《实学报》"以讲求学问、考核名实"为宗旨。章太炎在其所撰写的《实学报叙》中写道："今为《实学报》，其必念夫墨子而后二千余年，旁魄熔凝以有是篇，必薁然为纪事之书最。且子以其目言，圜则九重曰天，黄垆息壤则曰地，五种孳乳则曰人，牵牛纪始则曰物。其称谓不辨，而自大圈以内，重黎之所绝，苍牙之所别，化益之所录，尽此矣。是其名也，亦可以为实矣。"①章太炎在《实学报》上陆续发表了《后圣》《儒道》《儒兵》《儒法》《儒墨》《重设海军议》《儒侠》《异术》等文章，其中一些文章经过章太炎本人修订后被收录进《訄书》。《后圣》一文特别表彰了荀子的学问，认为在孔子之后，荀子是儒学的发扬光大者。然而，章太炎所倡导的维新变法思想，最终与《实学报》的创刊宗旨并不相符。《实学报》的创办者王仁俊等人所理解的"实学"，实际上是为了维护传统的三纲"万世不变"，反对民主和变法。因此，在经历了一段短暂的蜜月期后，章太炎与《实学报》不得不分道扬镳。

光绪二十三年（1897）十一月，章太炎与常州人恽积勋、董康等共同创立了译书公会，并创办了《译书公会报》，章太炎担任总主笔。该报以启迪民智、拓宽视野为宗旨，主要翻译东西方重要书籍和报刊，同时刊载同仁的评论文章。由于资金不足，《译书公会报》仅维持了半年左右便告停刊。章太炎在该报上发表了《读日本国志一、二》和《论民数骤增》等文章。

在章太炎频繁往来于上海和杭州，致力于通过办报宣传维新变法的时期，光绪二十三年（1897）十一月，两名德国传教士在山东巨野遭袭身亡，这一事件被称为"巨野教案"。德国政府以此事件为借口，派遣军队占领了胶州湾，迫使清政府签订了中德《胶澳租界条约》，使山东全省沦为德国的势力范围。与此同时，在北方，俄国军队侵占了旅顺和大连，国家再次面临

---

① 《章太炎全集》（第10卷），第29页。

被列强瓜分的危机。光绪二十四年（1898）一月，章太炎致信李鸿章，提出了应对策略：以割让威海给日本为条件，联合日本，利用日本牵制欧美列强，实现中日联合，共同对抗欧美。这一策略实际上与他在《论亚洲宜自为唇齿》中阐述的思想相一致，但遗憾的是，李鸿章并未给予回应。

二、武昌之行

在章太炎感到无路可走、报国无门的时刻，光绪二十四年（1898）的春天，时任湖广总督的张之洞向他发出了邀请。

张之洞（1837—1909），字孝达，号香涛，祖籍直隶南皮，出生于贵州兴义府（今安龙县）。同治二年（1863）进士及第，授翰林院编修，历任教习、侍读、侍讲、内阁学士、山西巡抚、两广总督、湖广总督、两江总督（多次署理，从未实授）、军机大臣等职，官至体仁阁大学士等，是晚清名臣、清代洋务派代表人物。光绪二十一年（1895），张之洞曾捐银 1500 两支持康有为在上海筹办强学会，是强学会实际上的后台老板。但后来康有为创办《强学报》，用孔子纪年，宣扬"素王改制"，引起了张之洞的不满，二人决裂。章太炎在其《自订年谱》和《自述学术次第》中记录了张之洞邀约的原因：

余持《春秋左氏》及《周官》义，与言今文者不相会。清湖广总督南皮张之洞亦不喜《公羊》家，有以余语告之者，之洞属余为书驳难。①

余昔在南皮张孝达所，张尝言"国学渊微，三百年发明已备，后生但当蒙业，不须更事高深"。张本好疏通，不暇精理，又见是时怪说流行，惧求深适以致妄，故有是语。②

章太炎与张之洞合作的思想基础是二人都不喜欢今文学家，尤其不喜欢当时流行的公羊学家的做派。张之洞邀请章太炎前往武汉，希望他能撰写文章，对以康有为为代表的"康学"进行批判。章太炎乐意前往也有其个人的原因。他在《〈正学报〉缘起并例言》中说："武昌，天下中枢也，其地为衢国，声闻四达，于中古则称周南，惟苍姬之王，尝斡运之以为风始。冀就其疆域，求所以正心术、止流说者，使人人知古今之故，得以涵泳圣涯，化其颛蒙而成其恳恻，于事为便。惟夫上说下教，古者职之撢人，而今为报章之属。乃伿偶诹访，东求诸日本，西求诸欧、美之洲，得其日月所记，译以华文，比类错综，终以己之论议，旬为一册，命曰《正学报》。"③办该报的目的是"使孤陋者不囿于见闻以阻新政，而颖异之士，亦由是可以无遁于邪"④。章太炎的这段记载详述了张之洞办《正学报》的原

---

① 《章太炎全集》（第11卷），第755页。

② 《章太炎全集》（第11卷），第506—507页。

③ 《章太炎全集》（第10卷），第53　54页。

④ 《章太炎全集》（第10卷），第55页。

因，以及章太炎对《正学报》的理解。显然，章太炎是希望利用武昌"天下中枢"的地理优势，借助报刊，寻求"正心术、止流说"的方法，宣传古今变革的思想，汇聚革命力量，去除无知而成诚恳痛切之心，助力维新变法。

遗憾的是，张之洞的《正学报》最终没有刊行，而章太炎不久后也离开了武昌，返回上海。这一变动背后的一个关键因素，是章太炎并不认同张之洞在《劝学篇》中所倡导的忠君保皇理念。

在章太炎抵达武汉之前，张之洞写成了集中体现其"中学为体，西学为用"思想的代表作——《劝学篇》。全书分为上、下两篇，上篇为内篇，包含同心、教忠、明纲、知类、宗经、正权、循序、守约、去毒九个部分；下篇为外篇，涵盖益智、游学、设学、学制、广译、阅报、变法、变科举、农工商学、兵学、矿学、铁路、会通、非弭兵、非攻教十五个部分。张之洞主张"内篇务本，以正人心；外篇务通，以开风气"，其中"本"指的是维系社会道德和人心的纲常名教，不可动摇；而"通"则指的是工商业、教育机构、新闻出版等领域的变革。章太炎抵达武汉后，张之洞向他征求意见。章太炎对下篇则评价为"翔实"，对上篇中那些鼓吹忠君保皇的言论感到极度反感，因此对上篇保持沉默。在后来的《艾如张、董逃歌序》中，章太炎写道：

> 张之洞始为《劝学篇》以激忠爱，摧横议，就余咨度。

退则语人，宙合皆含血，生于其洲而人偶其洲，生于其国
而人偶其国，人之性然也。惟吾赤县，权舆风姜以来，近
者五千祀，沐浴膏泽，沦浃精味久矣。禀性非异人，古之
谟训，上思利民，忠也；朋友善道，忠也；憔悴事君，忠
也；今二者不举，徒以效忠，征求泯庶，且乌桓遗裔，蹂
躏吾族几三百年，菇毛饮血，视民如雉兔。今九世之仇纵
不能复，乃欲责其忠爱，忠爱则易耳，其俟诸革命以后。[1]

　　章太炎认为清政府"蹂躏吾族几三百年"，不应再效忠，而
应期待革命的到来！有人将章太炎的言论告知了张之洞，张之
洞随即派章太炎的浙江同乡钱恂（吴兴人）前去质询章太炎。
钱恂问：您在讲解《春秋》时主张可以弑君，并且直呼前代皇
帝的名讳（皇太极），请问这在经书中有何依据？章太炎回答
道：《春秋》一书中，每当提及"国人弑君"，就说明这个国君
已经坏到透顶了，这是《春秋》三传（《左传》《公羊传》《榖
梁传》）的共识。清朝文帝名为皇太极，其后代并未回避这几
个字，我们又何必为他们避讳呢？[2]

　　章太炎的言行引起了张之洞幕僚梁鼎芬的强烈不满。梁鼎
芬（1859—1919），字星海，号节庵，广东番禺人。光绪六年
（1880）进士。张之洞担任两广总督期间，梁鼎芬先后被聘为肇

---

① 《章太炎全集》（第8卷），第246—247页。
② 《章太炎全集》（第8卷），第246—247页。

庆端溪书院院长、广雅书院院长。光绪十五年（1889），张之洞调任湖广总督后，梁鼎芬受聘为两湖书院监督等职。光绪二十年（1894），张之洞调任两江总督，梁鼎芬又受聘主讲南京钟山书院。维新运动兴起时，张之洞捐款支持康有为创立上海强学会，这也有赖于梁鼎芬的从中斡旋。光绪二十二年（1896），张之洞再次调任湖广总督，梁鼎芬随行，协助张之洞推行新政，并担任两湖书院院长，成为张之洞身边不可或缺的幕僚之一。据章太炎《自订年谱》记载，梁鼎芬在张之洞幕下，"倨傲，自视学者宗"。章太炎听说梁鼎芬与张之洞的另一幕僚蒯光典就"文王受命称王义"发生争执，甚至以杖互击，便批评梁鼎芬"不识古今异法"，这使梁鼎芬感到极度尴尬。一次，章太炎与梁鼎芬等人讨论《左传》与《公羊传》的异同，章太炎提出："内中国，外夷狄，《春秋》三家所同。弑君称君为君无道，三家亦不有异。"令梁鼎芬等人感到恐惧和嫉恨。

冯自由在其著作《中华民国开国前革命史》中记载了章太炎与梁鼎芬在武昌的一段对话：

两湖书院的山长梁鼎芬某日向章太炎询问："听说康祖诒（即康有为）有意称帝，你对此听说过没有？"章太炎回应："我只听说康有为想要成为宗教领袖，并未听说他有意成为皇帝。实际上，人们怀有帝王之志并不稀奇，但如果想要成为教主，那恐怕就是异想天开了。"章太炎的回答让梁鼎芬震惊不已，他向张之洞报告称"章某心术不正，常有悖逆之言，不宜重用"。因此，张之洞不得不让夏曾佑、钱恂劝说章太炎离开湖北。

    章太炎与张之洞之间的合作障碍，根本原因在于对康有为等人倡导的变法运动的不同评价。从学术视角出发，章太炎所反对的仅限于康有为的今文经学立场，并未对康有为等人的变法运动本身持有反感。因此，在梁鼎芬询问章太炎是否知晓康有为有意称帝时，章太炎表示他仅听说康有为希望建立教派，而非有意成为皇帝。1899 年 1 月 12 日，章太炎在《识康有为复书》中深入剖析了他与梁鼎芬等人的观点差异：

    曩客鄂中时，番禺梁鼎芬、吴王仁俊、秀水朱克柔，皆在幕府，人谓其与余同术，亦未甚分泾渭也。既数子者，或谈许、郑，或述关、洛，正经兴庶，举以自任，聆其言论，洋洋满耳，及叩其指归，啇卷逡巡，卒成乡愿，则始欲割席矣。嗣数子以康氏异同就余评骘，并其大义亦加诋毁，余则抗唇力争，声震廊庑，举室愕眙，谓余变故，而余故未尝变也。及革政难起，而前此任正学之数公者，乃皆垂头阒翼，丧其所守，非直不能建明高义，并其夙所诵习若云阳尊阴卑，子当制母者，亦若瞠焉忘之。[1]

    章太炎将梁鼎芬等人贬称为"乡愿"，意指他们表面上看似忠厚老实，实际上却是言行不一、表里不一的伪君子。孔子曾

---

[1]《章太炎全集》(第 10 卷)，第 105 页。

言，"乡愿，德之贼也"，认为"乡愿"是道德的破坏者。章太炎对梁鼎芬等人的这种评价，显露出他对他们的不屑，同时也表达了自己对学术立场的坚守。总之，章太炎在武昌的所作所为，与张之洞邀请章太炎共同创办《正学报》的初衷相去甚远。因此，章太炎辞去了在武昌的职务，也在情理之中。在返回上海的途中，章太炎创作了《艾如张》一诗，这首诗大体上反映了他当时的心境。诗曰：

泰风号长杨，白日忽西匿。南山不可居，啾啾鸣大特。
狂走上城隅，城隅无栖翼。中原竟赤地，幽人求未得。
昔我行东冶，道至安溪穷。酾酒思共和，共和在海东。
谁令诵诗礼，发冢成奇功？今我行江汉，候骑盈山丘。
借问杖节谁？云是刘荆州。绝甘厉朝贤，木瓜为尔酬。
至竟盘盂书，文采骊田侯。去去不复顾，迷阳当我路。
河图日以远，枭鸱日以怒。安得起槁骨，摻袪共驰步？
驰步不可东，驰步不可西，驰步不可南，驰步不可北。
皇穹鉴黎庶，均平无九服。顾我齐州产，宁能忘禹域？
击磬一微秩，志屈逃海滨。商容冯马徒，逝将除受辛。
怀哉殷周世，大泽宁无人？

诗中表达了章太炎对武昌之行的失望，与章太炎西行时所表达的"灵均哀郢土，而我独西驰。江树隔云远，沙禽飞鱼迟。帝阍终不见，毛羽复谁施？回首一惆怅，孙登长啸时"的心境，形成了鲜明的对比。

三、客居台湾

章太炎在武昌的这一段时间里，国内的政治形势发生了变化。1898 年 6 月 11 日，光绪皇帝颁布了《明定国是》诏书，正式拉开了变法维新的序幕。这一年正值中国农历戊戌年，所以这场改革运动亦被世人称为"戊戌变法"。受此影响，1898 年 7 月 16 日，《时务报》转型为官方报纸，光绪帝指定康有为负责督办。然而，在康有为正式接管之前，经理汪康年于同年 8 月 17 日擅自将《时务报》更名为《昌言报》并继续出版，汪康年继续担任经理，梁鼎芬担任总董，报纸的版面和内容体例与《时务报》保持连贯性，内容涵盖刊载谕旨、奏章、公牍、译论、译编以及"昌言集"等，旨在介绍国内外形势并宣扬维新思想。章太炎从武昌返回上海后，被聘为主笔。

这一次，章太炎担任《昌言报》主笔的时间也不长。9 月 21 日，慈禧太后发动政变，将光绪皇帝软禁，并开始垂帘听政，同时颁布命令，终止了新政的实施。紧接着，慈禧太后下达了追捕维新派人士康有为等人的命令，逮捕并处决了谭嗣同、杨深秀、林旭、杨锐、刘光第、康广仁这六位维新派的杰出人物，即所谓的"戊戌六君子"。康有为和梁启超不得不流亡海外。这场持续了 103 天的维新运动最终以失败告终。章太炎因参与过强学会、担任过《时务报》撰述并积极倡导维新变法，也被列于缉捕名单之中。在宋恕等人的催促下，在日本诗人山根虎雄的协助下，1898年12月4日章太炎前往台北，并在《台湾日日新报》担任记者。

在台北逗留期间，章太炎做了一件重要事情——修复了与康有为和梁启超的关系。12月15日，他抵达台北后不久，便向当时在日本的康有为发出了一封信函，表达了对康有为及其同仁的关心，并建议他们前往欧美躲避迫害。同时，章太炎也提及了自己在台北的近况。12月28日，章太炎收到了康有为的回信。康有为在信中对章太炎的处境表示了同情，并热情地邀请他加入"激昂同志，救此沦胥"的维新运动。与此同时，流亡至日本的梁启超在横滨创办了《清议报》，继续推动变法运动，倡导政治改革。章太炎也经常把自己撰写的文章寄到《清议报》发表。例如，1899年3月12日出版的《清议报》第八册上，就刊载了章太炎的《台北旅馆书怀寄呈南海先生》和《泰风一首寄卓如》。而在5月10日出版的第十四册上，则刊载了他的《答学究》一文，该文是为康有为辩护之作。

《答学究》的写作背景可追溯至10月25日，康有为在《台湾日日新报》上公开了百日维新期间光绪皇帝授予他的两道"密诏"。其中一道诏书透露了变法遭遇重重困难，光绪皇帝感到皇位岌岌可危，迫切希望康有为联合谭嗣同、林旭、杨锐、刘光第等维新派人士，迅速采取行动以挽救局势。另一道告诉康有为，让他督办官报有不得已之苦衷，令康有为到外国求救，并爱惜身体，善自调摄，以期将来共建大业。康有为此举招致了一些封建官僚的不满，他们认为康有为暴露了帝、后不和的宫廷秘密，会激化矛盾，令慈禧骑虎难下，甚至会逼她废帝，危及光绪帝性命及清国国体。章太炎于是作《答学究》对这些批评者进行反驳。

在《答学究》一文中，章太炎将康有为公布光绪帝密诏的行为与东汉时期汉阳太守傅燮相提并论。傅燮在汉阳被叛军围困之际，坚守节操，以身作则，激励其子坚守节义，宁死不屈，最终英勇战死。康有为公开密诏，并撰写"奉诏求救"的檄文，向世人宣告，其行为并非出于对个人安危的恐惧，而是体现了他坚定的志向和品德。那些指责康有为追求个人名声而不顾国家大事，以及泄露机密加速君主灾难，缺乏忠诚；公开宫闱秘事以彰显个人正直，缺乏宽容的"学究"们，其论点缺乏充分依据，其言论不足以构成合理论证。①

在5月20日出版的《清议报》第十五册中，章太炎发表了其著名的《客帝论》。文章提出，古代有利用异国人才担任客卿的制度，今天既然可邀请外国人来训练军队，也可以有"客帝"。历史上的蒙古人入主中原就是"客帝"，清帝统治中国也是"客帝"。除了"客帝"外，中国两千多年的历史中，始终存在一个"共主"。这个"共主"便是孔子的直系后裔衍圣公②。章太炎建议以清帝作为"客帝"，以衍圣公作为"共主"，实行

---

① 《章太炎全集》（第12卷），第57—58页。
② 孔子嫡长子孙的世袭封号，始于北宋至和二年（1055），历经宋、金、元、明、清、民国八百余年。1935年，国民政府改封孔子第七十七代孙、袭封衍圣公孔德成为大成至圣先师奉祀官。

"官天下而帝孔氏"的政策，以此缓和国内对清朝的反对情绪，避免被汉族驱逐。

随着章太炎与康有为、梁启超关系的缓和，1899年6月10日，章太炎搭乘船只离开台湾，四天后抵达日本神户港。在日本，章太炎寄居于横滨《清议报》报社以及东京的钱恂、梁启超的住所，他与梁启超的关系进一步升温，两年前在《时务报》报社结下的恩怨得以化解。这是章太炎首次访问日本。在日本，通过梁启超的引荐，章太炎结识了孙中山。1899年7月17日，章太炎在给汪康年的信中提及了他与孙中山的初次会面以及对孙中山的初步印象："兴公亦在横滨，自署中山樵，尝一见之。聆其议论，谓不瓜分不足以恢复，斯言即流血之意，可谓卓识。惜其人闪烁不恒，非有实际，盖不能为张角、王仙芝者也。"①由此可见，章太炎支持孙中山倡导的武力反清革命，但对孙中山个人的评价并不高。

在台湾逗留期间，章太炎将他过往发表的以及新近撰写的文稿，汇编成册，命名为《訄书》，并在1899年底完成编纂并付诸印刷。这部作品是章太炎一生中极为重要的著作之一。

《訄书》是章太炎的首部自选文集。"訄"字意为"逼迫"，象征着"逼迫人有所为"的含义，正如他在"附识"中所表达的："幼慕独行，壮丁患难，吾行却曲，废不中权。述鞠迫言，

---

① 《章太炎全集》（第12卷），第21页。

庶自完于皇汉。"①意思是自己从小羡慕独特的操行，长大后恰值国家民族衰微之时，志不得伸，行不如意。这种穷蹙的环境迫使他说出非说不可的话。章太炎所指的"困境"，指的是甲午战争之后中华民族濒临危亡的国际环境，以及康有为、梁启超等人发起的维新变法运动。他所坚持要表达的观点，则是他对国家救亡与维新变革的看法。《訄书》的初刻本收录了《尊荀》《儒墨》《儒道》《儒法》《儒侠》《儒兵》《公言》《天论》《原人》《民数》《原变》《独圣》等52篇文章，这些文章反映了章太炎在1900年以前的思想，即他参与维新运动前后的心路历程。

《訄书》自问世以后，便"震撼四海""风靡一时"，被当时的报刊盛赞为"空前绝后之作"。在短短十几年的时间里，该书经历了多次修订，形成了三个不同的版本：《訄书》初刻本、重订本以及《检论》。在台湾客居期间编辑的版本，即《訄书》初刻本。1904年，《訄书》在日本进行了修订并重新印刷。

---

① 《章太炎全集》（第3卷），第5页。

反清革命

1899 年 7 月，章太炎结束了在日本近三个月的居住，返回了祖国。10 月上旬，章太炎抵达上海，参与了《亚东时报》的编辑工作，并加入了由唐才常等人发起的"中国国会"（亦称"中国议会"）。1900 年 7 月 29 日，在"中国国会"的一次集会中，章太炎激愤地剪断了自己的辫子，这象征着他与维新派的彻底决裂，全身心地投入到反对清朝统治的革命运动中。

一、割辫示绝

《亚东时报》是由日本乙未会于 1898 年 6 月 25 日创立的一家报刊，最初为月刊，采用日文和中文双语发行。该报设有馆说、来稿、汇译、教育、军事等多个栏目，旨在宣扬中日两国在文化、种族、宗教上的共同性，对康有为、梁启超的变法维新运动表示同情与支持，并批评清政府的腐败统治。自 1899 年 5 月 4 日发行的第 6 号起，唐才常参与主持编务工作，从第 7 号开始，《亚东时报》改为半月刊。

唐才常（1867—1900），字伯平，湖南浏阳人，曾主持浏阳新算学馆。甲午战争后，他积极倡导变法维新。1898 年，唐才常与谭嗣同共同创办《湘报》，并参与湖南的维新运动。戊戌变法失败后，唐才常流亡至日本，并与康有为、梁启超、孙中山等人结识。1899 年 3 月，唐才常返回上海，接管《亚东时报》，并邀请章太炎加入编辑团队。章太炎在《亚东时报》第 17 号（1899 年 11 月 20 日）和第 18 号（12 月 25 日）连续发表了《游西京记》和《今古文辨义》两篇文章。《游西京记》记录了他在日本京都的游历经历，包括参观名胜古迹和欣赏寺院藏品的所见所闻；而《今古文辨义》则主要针对廖平所著《群经凡例》等书籍中的偏激和乖谬之处进行了辩驳。

1899 年 6 月，唐才常等人发起成立正气会，以东文译社为掩护，秘密联络会党势力，拟在长江沿岸各省起兵勤王。1899 年 10 月，山东平原地区爆发了义和团运动，其口号是扶清灭洋，反抗外国的侵略。到了 1900 年 6 月，义和团与部分清军联合进攻东交民巷。7 月，唐才常在上海召开了"国会"，推选容闳为会长，严复为副会长，并自任总干事。"国会"的宗旨是：创造新自立国，保全中国自主权，请光绪皇帝复辟。7 月 29 日，正气会在上海继续举行会议，决定由叶瀚、邱震和汪子健三人担任书记，郑观应、唐才常、沈兆伟、汪康年、汪剑斋、丁惠康、吴保初、赵从藩、胡惟志和孙宝瑄等十人担任干事。在会议期间，关于是反清还是保清，议员们意见分歧，双方争论不休。以汪康年为代表的一方主张依靠张之洞等地方官员来保障东南地区，发扬清议，避免与清廷彻底决裂；而以康有为为代表的一方则对慈禧太后深感痛恨，主张勤王起事，并希望通过召开国会来获得合法性的支持。章太炎在大会上散发了《请严拒满蒙人入国会状》一文。

章太炎认为打击清廷，使其早早灭亡，是顺应天道的行为。在文中他表达了坚定的革命立场。然而，唐才常和"中国国会"并未采纳章太炎的提议，章太炎遂在众人面前"宣言脱社，割辫与绝"。章太炎剪后还专门写了《解辫发说》一文，详细说明了剪辫的原因及经过：

　　支那总发之俗，四千年亡变更。满洲入，始鬀其四周，交发于项下，及髋髀。一二故老，以为大辱，或祝发箸桑门衣以终。盖冠簪高髻之饰，既不可复，则宁尽毁之，以章吾志，其情隐矣！

　　其后习夷俗久，彤鬖垂鬟，以为当然，亡所怪咢。日本人至，始大笑悼之。欧罗巴诸国来互市者，复蚩鄙百端，拟以猳豚，旧耻复振。然士人多要幸儋石之禄，犹前郤持两可，未尽芟夷也。

　　共和二千七百四十一年，秋七月，余年三十三矣。是时满洲政府不道，戕虐朝士，横挑强邻，戮使略贾，四维交攻。愤东胡之无状，汉族之不得职，陨涕浪浪，曰："余年已立，而犹被戎狄之服。不违咫尺，弗能翦除，余之罪也！"将荐绅束发，以复近古。日既不给，衣又不可得，于是曰："昔祁班孙、释隐玄，皆以明氏遗老，断发以殁。《春秋穀梁传》曰'吴祝发'，《汉书·严助传》曰'越劗发'。余故吴越闲民，去之，亦犹行古之道也。"会执友以欧罗巴衣笠至，乃急断发易服。欧罗巴者，在汉则近大秦，与天毒同柢。其衣虽迮小，方裕直下，犹近古之端衣，惟吾左辅之日本，亦效法焉。服之盖与箸桑门衣无异趣云。

《传》曰："齐一变，至于鲁；鲁一变，至于道。"由是萌芽，令他日得端委以治周礼，固余之志也。昔者《小雅》诗人，闵宗周危乱，发愤而作，始之以流水之朝宗于海，而终之以邦人诸友。谁无父母。乌乎！余惟支那四百兆人，而振刷是耻者，亿不盈一。钦念哉！①

如果说《请严拒满蒙人入国会状》尚带有情感色彩，那么《解辫发说》则从学术角度阐释了其"割辫与绝"的理由。"欧罗巴衣"即西服，剪去象征清廷统治下的臣民标志的辫子，穿上西服，象征着章太炎决心推翻清廷的新起点，标志着他与康有为领导的维新派彻底决裂，坚定地走上了革命的道路。8月8日，章太炎将《解辫发说》连同《请严拒满蒙人入国会状》一并寄往香港《中国日报》，并附上一封信。在信中，章太炎表达了八国联军步步紧逼，国家濒临灭亡之际，中国国会仍然"尊奉满洲"，因此他"遽断辫发，以明不臣满洲之志"。《中国日

---

① 《章太炎全集》（第12卷），第80—81页。

报》的主编陈少白将章太炎的两篇文章和信件一并发表，并附文称"章君炳麟，余杭人也，蕴结孤愤，发为罪言，霹雳半天，壮者失色，长枪大戟，一往无前。有清以来，士气之壮，文字之痛，当推此次之第一"①。

在上海"国会"召开后不久，唐才常迅速前往武昌，策划武装起义。因为事先走漏消息，被张之洞武装镇压，唐才常本人也被捕，壮烈牺牲。清政府下令缉拿相关人员，章太炎也在被通缉的名单上，不得已，离开上海，回到了余杭家乡躲藏。

自1901年4月起，流亡海外的梁启超在《清议报》上连载了《中国积弱溯源论》一文，将中国的积弱归因于四个主要因素：首先是"理想"层面的问题，其次是"风俗"上的弊端，再次是"政术"上的不足，最后是"近事"所带来的影响。

所谓源于"理想"，与欧美、日本人比起来，中国人缺少爱国心。因为缺少爱国心，导致理想薄弱。理想主义衰弱的根源，在于对国家与世界、朝廷与国家界限，以及国家与国民关系的模糊认识。长期以来，中国自诩为"天下"，而没有"国家"的概念，从而导致骄傲而不愿意与他国交往，怯懦而不愿意与他国竞争。同时，中国历史上长期存在的是朝廷而非国家，国家与朝廷被混淆，将朝廷误认为国家的理想，这使得国家缺乏独立的思想，无法在世界舞台上独立自主。在西方，国家的主人

---

① 《中国日报》，（台湾）中国国民党中央委员会党史史料编纂委员会印行，第四册，第463页。

是全体国民，官员仅是国家的公仆，而在中国，国家被视为皇帝一家的私产，其他人则被视为臣民。要拯救中国，必须首先改变这些根深蒂固的问题。

所谓源于"风俗"，是指国民往往展现出的"奴性""愚昧""自私""虚伪""怯懦""冷漠"等特质，缺乏良好的风俗。"聚群盲不能成一离娄，聚群聋不能成一师旷，聚群怯不能成一乌获。"面对当今中国的社会风气，即便我们天天购置舰船火炮，天天建设铁路，天天开发矿产，天天学习外国的军事操练，这些行为也不过是在粪土墙上绣花，在朽木上雕刻龙凤，不仅无法取得成就，反而可能使情况变得更糟。

所谓源于"政术"，是说数千年来，治理中国之"民贼"，将国家视为私有财产，各种治理手段皆旨在保护其个人利益。

梁启超将上述三个因素视为中国衰弱的总因，是"远因"。他将清史划分为顺治、康熙时期，乾隆时期，咸丰、同治时期，以及最近时期四个阶段，作为中国积弱的近因。梁启超认为，自康熙帝以后，中国逐渐走向腐败和衰败，直至今日，沦为世界上第一病国。乾隆皇帝在位六十余年，奢侈和自满达到了顶峰。自乾隆以后，国家便开始动荡不安，1851年便爆发了太平天国运动，严重动摇了清朝政府的统治基础。在咸丰、同治年间，国家半壁江山岌岌可危，尽管出现了曾国藩、左宗棠、李鸿章等杰出人物，但他们仅致力于维护皇室一家的利益，缺乏为国家和人民着想的胸怀，错失了革故鼎新的良机。他们不理解西方的先进方法，不支持维新变法，其行为只是为了保护皇室的私有财产，而非保护国民的公共利益。至于"最近时期"，梁启超对光绪皇帝的天赋和忧国忧民的情怀表示赞赏，认为光绪皇帝有着振兴国家的抱负，但慈禧太后的三次垂帘听政，累计长达三十年，扼杀了中国复兴的最后希望。

在文章的最后，梁启超把中国社会的腐败归罪于慈禧太后，认为近二百年来"京师之腐败秽丑，未有甚于那拉时代者也"。光绪皇帝"忍之无可忍，待之无可待，乃忘身舍位，毅然为中国开数千年来未有之民权，非徒为民权，抑亦为国权也"。那拉氏之仇皇上，是仇民权，是四亿同胞的罪人；仇国权，则是大清十一代之罪人。如果三十年来没有那拉氏一人横亘其间，那么今日的中国，或许能像日本一样迅速崛起，像英美一样富足快乐，像法俄一样威震四方。因此，追溯中国积弱的根本原因，总体上在于国民整体，具体上则在于那拉氏一人。其远因可追溯至数千年前，近因则在近二百年间，而最近的原因则在于那拉氏掌握政权的三十年间。"心病还得心药医"。如今既然没有救国之权，就只能寄希望于有权之人，即寄希望于光绪皇帝。并号召众人与他一起，同心协力，保皇救国。①

梁启超此文将中国衰弱的根源归咎于慈禧太后一人，其核心观点在于倡导保皇主义，为保皇党进行辩护。

1901 年 8 月 10 日，章太炎在日本发行的《国民报》上发表了《正仇满论》，对梁启超的文章进行了有力的反驳。《正仇满

---

① 《中国近代思想家文库·梁启超卷》，中国人民大学出版社 2014 年版，第 4—7 页。

论》被视为近代革命派对改良派进行理论批驳的开山之作。章太炎在《正仇满论》的开篇便指出，梁启超既然主张立宪政体，又撰写《积弱溯源论》，声称真正具有爱国心且见识独到的人，不会仇恨满族人，是因"迫于忠爱之念，不及择音，而忘理势之所趣，其说之偏宕也亦甚矣"。章太炎在文章中认为，今满人以区区五百万人统治四万万汉人，倘使汉人一旦觉醒，满人必定不能安然域内。于满人而言，他们肯定会警惕汉人，不会把国家的重要机构和权力让汉人掌管，想要改革，即使没有慈禧太后的掣肘，也还会有荣禄或者比荣禄权力更大的人掣肘。对于清朝统治者而言，他们于私不想变法，于公不能变法。革命势在必行！

梁启超曾言："欧洲列国，常有君统乏嗣，而迎立异国之公族以为君者，故知中国积弱之源，非必由于满人之君天下也。"章太炎援引欧洲各国的实例，一针见血地指出，梁启超所赞美的欧洲各国设立新君的制度，其目的在于确立君主立宪制，拥立"圣明之主"，即拥立光绪皇帝。[1]

1901 年 8 月，章太炎经朋友引荐，成为东吴大学的中文教员。当时，章太炎的老师俞樾也居住在苏州，章太炎特地前往拜访。俞樾对章太炎的行为感到极度不满，斥责他"不忠不孝"。随后，章太炎撰写了《谢本师》一文：

---

① 参见《章太炎全集》（第 10 卷），第 222—228 页。

余十六七岁始治经术，稍长，事德清俞先生，言稽古之学，未尝问文辞诗赋。先生为人岂弟，不好声色，而余喜独行赴渊之士。出入八年，相得也。顷之，以事游台湾。台湾则既隶日本，归，复谒先生，先生遽曰："闻而［尔］游台湾，尔好隐，不事科举，好隐则为梁鸿、韩康可也。今入异域，背父母陵墓，不孝；讼言索虏之祸毒敷诸夏，与人书指斥乘舆，不忠。不孝不忠，非人类也，小子鸣鼓而攻之可也。"盖先生与人交，辞气陵厉，未有如此甚者！先生既治经，又素博览，戎狄豺狼之说，岂其未喻，而以唇舌卫捍之？将以尝仕索虏，食其廪禄耶？昔戴君与全绍衣并污伪命，先生亦授职为伪编修。非有土子民之吏，不为谋主，与全、戴同。何恩于虏，而恳恳蔽遮其恶？如先生之棣通故训，不改全、戴所操以诲承学，虽杨雄、孔颖达，何以加焉？①

文章的上半部分深情地回顾了当年追随恩师俞樾学习的时光，流露出对老师的深深感激；下半部分则针对老师的批评，陈述了自己的辩解，明确阐述了"道不同不相为谋"的理念，强调了他坚定革命的历史与经学求是致用精神的一致性。特别是那句"戎狄豺狼之说，岂其未喻，而以唇舌卫捍之"，既是一次质询，也是一次宣言，公开宣布与俞樾断绝师生关系，坚持

---

① 《章太炎全集》（第10卷），第230页。

革命的决心。一年后，俞樾辞世，章太炎在《国粹学报》上发表了《俞先生传》，在文中对俞樾的一生进行了评述，既有赞扬也有批评，称赞他"雅性不好声色""遇人岂弟"，同时指出他"不能忘名位""其文辞瑕适并见，杂流亦时时至门下"，对俞樾进行了全面而客观的评价。

在东吴大学求学期间，章太炎继续以民族大义启迪学生，引导他们走向光复之路。有一次，他给学生们布置了一篇论文题目：《李自成胡林翼论》。李自成（1606—1645），明末农民起义的领袖人物，于1644年建立大顺政权，并成功攻占北京，迫使明朝崇祯皇帝自缢，在传统观念中被视为"造反的贼"。胡林翼（1812—1861），字贶生，号润芝，湖南益阳人，进士出身，湘军首领。咸丰年间，胡林翼曾率军镇压太平天国运动，是晚清重臣，去世后被追赠为总督，并赐予"文忠"谥号。一个是"造反的贼"，一个是大清国的中兴名臣，将这两位历史人物并列讨论，是需要相当勇气的，表明了章太炎坚定的反清立场。

章太炎在东吴大学的活动很快被人告发。那年冬天，江苏巡抚恩铭派人前往东吴大学，准备以"宣扬革命"为由逮捕他。然而，当恩铭的人员抵达时，章太炎恰逢寒假，已经返回余杭老家，幸运地避开了逮捕。消息传到余杭后，在朋友的劝说下，章太炎不得不又一次踏上流亡日本之路。

这是章太炎第二次踏上日本的土地。当时，梁启超的《清议报》已经停刊，但他又创办了《新民丛报》，继续倡导维新变法。在日本，中国留学生的数量急剧增加，他们成立了众多革命团体，革命热情空前高涨。在日本，章太炎与梁启超会面，并结识了留日学生秦力山、张继、周宏业、冯自由等人。在秦力山的帮助下，章太炎前往横滨拜访了当时在日本的孙中山。章太炎在其《自定年谱》中记录了当时的情况：

> 时孙逸仙方在横滨。湖南秦遯力山者，故唐才常党，事败东走，卓如不礼焉。往谒逸仙，与语，大悦。余亦素悉逸仙事，偕力山就之。逸仙导余入中和堂，奏军乐，延义从百余人会饮，酬酢极欢。自是始定交。①

在东京，章太炎与孙中山就"均田法"以及建国后的首都选址等问题进行了深入讨论。这些讨论的记录可以在《訄书》的重印本《定版籍》和《相宅》中找到。

与孙中山的"定交"，标志着章太炎思想上开始有了质的飞跃。当时孙中山的名声已经非常显赫，他的寓所位于横滨，章太炎经常从东京前往横滨拜访他，孙中山也时常从横滨来到东京，他们之间频繁往来，使得革命的时机逐渐成熟。从此，章太炎更加坚定地走上了反清革命的道路。

1902 年 4 月 26 日，在孙中山、梁启超的支持下，章太炎与秦力山、冯自由等人在日本上野精养轩发起"支那亡国二百四十二年纪念会"纪念南明永历政权覆灭 242 周年，大张旗鼓地开

---

① 《章太炎全集》（第 11 卷），第 757 页。

展反清宣传活动。这件事被清驻日公使蔡钧获悉后，他感到极度不安，并亲自前往日本外务省，请求日方解散该组织。日本政府特地在会议召开的前一天，与发起会议的十位人士进行了约谈，最终决定禁止此次会议。纪念会发起人之一的冯自由，后来在《中华民国开国前革命史》第十四章《壬寅支那亡国纪念会》文中描述了当时的情形，非常有趣：

> 清公使蔡钧闻学生有此举动，极形恐慌，乃亲自访日外务省，要求将此会解散，以全清、日两国交谊。日政府徇其情，特令警视总监制止章等开会，故署名发起之十人，于开会前一日，各接到牛込区警察署通知书，谓有要事待商，请于是日谋事往该署一谈。章等届时偕行。既至神乐阪警署，警长首问章等为清国何省人。章答曰："余等皆支那人，非清国人。"警长大讶。继问属何阶级，士族乎？抑平民乎？章答曰："遗民。"警长摇首者再，于是发言曰："诸君近在此创设支那亡国纪念会，大伤帝国与清国之邦交，余奉东京警视总监命，制止君等开会，明日精养轩之会着即停止。"[1]

文中记载章太炎回答日本警长"余等皆支那人，非清国人"，是"遗民"等话语，体现了章太炎坚定的革命立场。虽然

---

[1] 参见汤志钧编：《章太炎年谱长编（增订本）》，中华书局2013年版，第77—78页。

原定的会议因警方介入而未能按计划进行，但纪念活动并没有停止。当天下午，兴中会在横滨的永乐酒楼举行了一场纪念活动，章太炎、秦力山、朱菱溪、冯自由四位被邀请作为嘉宾出席，同时参与的还有六十多位在横滨的兴中会会员。纪念活动由孙中山主持，章太炎负责宣读纪念词。当晚，兴中会为嘉宾们设宴，孙中山提议向章太炎敬酒，章太炎饮下七十多杯酒后醉倒，无法返回东京。在为纪念活动撰写的《中夏亡国二百四十二年纪念会书》中，章太炎写道：自永历年间起，直至辛丑年，明朝的国运已转移，炎黄子孙的国家亦随之衰亡。遥望故国，景物依旧，但国家的领导者却不知何在？中华已亡国二百四十二年。民众正面临危机，如同在梦中寻求解答，非我族类，忧其祭祀不继。醒来深思，摧毁我们家园的，难道还待欧美列强？哀叹我汉民族，既被贬为奴隶，又遭受鞭打。在这样的境遇下，仍渴望参与政权；面对无法控制的小丑，却期望抵御外族，这难道不是自相矛盾吗？"是用昭告于穆，类聚同气，雪涕来会，以志亡国"，并号召大家，滇人勿忘李定国，闽人勿忘郑成功，浙人勿忘张煌言，桂人勿忘瞿式耜，楚人勿忘何腾蛟，辽人勿忘李成梁。①自此，章太炎完成了一个改良主义者到坚定的反清革命者的彻底转变。

①参见《章太炎全集》（第8卷），第193—194页。

二、苏报案

1902 年 7 月，章太炎返回祖国，并应梁启超之邀，为上海广智书局润色译文。上海广智书局是梁启超所控制的出版机构，位于上海。当时，梁启超身处日本，书局的业务则由香港商人冯镜如负责。该书局主要致力于翻译和出版介绍西方新学术、新思想的书籍。德国学者那特碛所著的《政治学》一书，便是章太炎润色的译文之一。章太炎在润饰该书时，首次使用了后来广为流传的"社会"和"经济"这两个词汇。同年 7 月，章太炎还为广智书局出版的《社会学》一书撰写了序言。章太炎是最早翻译资产阶级社会学著作的学者之一。

在担任上海广智书局编辑期间，章太炎与梁启超还计划编纂《中国通史》。该通史计划一百卷，其中志书占一半，表、记、纪传则平分另一半。编纂通史的宗旨，一方面旨在揭示社会政治演变的规律，引导人们回顾历史；另一方面则意在激发民众的士气，启迪未来，引导人们向前看，即通过社会进化的原理来审视历史，既不单纯地褒扬或贬低历史人物，也不盲目地颂古抑今。

1902 年 11 月，上海交通大学的前身——南洋公学，爆发了200 多名学生集体退学的事件。当时任职于南洋公学的蔡元培调解失败后，也愤然辞职。为了确保退学学生能够继续接受教育，蔡元培在中国教育会的支持下，在上海创立了爱国学社，亲自担任总理，吴稚晖担任学监。中国教育会发起了募捐活动，呼吁社会各界提供经济援助和教师资源，章太炎、蒋维乔等知名学者应邀前来授课。学社内的教职员工，从总理、学监到普通教员，都自愿放弃薪酬，纯属尽义务。

中国教育会是一个具有革命性质的团体，而爱国学社在创立之初同样承载着革命的使命。在那个时代，学生们可以毫无顾忌地讨论时政，教员如吴稚晖、章太炎等更是热衷于谈论革命。教育会定期在张园举行集会和演说，公开宣扬革命，讲稿常在《苏报》上发表。章太炎在爱国学社教授三、四年级语文，经常在课堂上讲述明清兴亡的历史，以此传播革命思想。例如，1903 年 5 月，章太炎以《×××本纪》为题，指导学生撰写自传。"本纪"是司马迁《史记》中为封建帝王立传的体例，章太炎鼓励青年学生采用这一体例来撰写自传，体现了他对封建等级制度的蔑视。学生中，陶亚魂、柳亚子在他们的自传中提到了自己从追随康有为的尊孔保皇思想到后来的思想转变，得到了章太炎的高度评价。他向陶、柳二人分别赠送了《訄书》的初刻本，并写下了《与陶亚魂、柳亚子书》以示鼓励：

简阅传文，知二子昔日曾以纪孔、保皇为职志。人生少壮，苦不相若，而同病者亦相怜也。鄙人自十四五时，览蒋氏《东华录》，已有逐满之志。丁酉入时务报馆，闻孙逸仙亦倡是说，窃幸吾道不孤，而尚不能不迷于对山（康有为）之妄语。《訄书》中《客帝》诸篇，即吾往岁之覆辙也。今将是书呈览。二子观之，当知生人智识程度本不相远，初进化时，未有不经纪孔、保皇二关者，以此互印何如？①

课后，张园演讲会总是能看到章太炎的身影，他不仅每次都出席，而且总是激情澎湃地宣讲反清革命，是演讲会中极受欢迎的演说家。马叙伦后来回忆道：在清光绪二十八、九年间，俄国和法国均对我国有所行动，上海的爱国人士每日聚集于张园，号召民众，共谋对策以阻止这些事件。章太炎与蔡子民、吴稚晖每一次聚会都参与。吴稚晖的演讲，总是像戏剧演员一样，动作丰富，充满各种不同的姿态。章太炎先生走上讲台，不走寻常路，而是选择直接攀登而上。他的演讲通常也只有几句话。即：必须革命，不可不革命，不可不革命。说完便结束了演讲。②据说，每次会议结束，便有许多人像蚂蚁簇拥着盐鱼一般，纷纷向他致以敬意和亲近，这反映了当时人们对革命的热烈欢迎。

在爱国学社，章太炎结识了邹容，并为其著作《革命军》撰写了序言。

邹容（1885—1905），四川巴县人士，于1902年赴日本留学。1903年三月，留学日本的邹容与张继、陈独秀一同剪掉了驻日清廷学监姚文甫的辫子，并在房梁上悬挂"禽兽姚文甫之

---

① 《章太炎全集》（第12卷），第124页。

② 陈平原、杜玲玲编：《追忆章太炎（修订本）》，生活·读书·新知三联书店2009年版，第18页。

辫"的字条以示羞辱。邹容们的行为导致他们被日本警方驱逐出境，学业被迫中断，邹容随后返回上海。在上海，邹容与章太炎住在同一公寓。章士钊在《伯兄太炎五十有六寿序》中回忆道：

> 时沧州张继、巴县邹容，忿东京监学姚某辱国，劫取其辫而逸，少年英发，不可一世。先生善遇之，埒如钊也。容著《革命军》一书，先生序之，而钊为书签，字句则吾二人俱与检定。容年仅十七耳。先生宏奖后进，提与自著《驳康有为书》并论，容遂知名于时。一日，先生携钊与继、容同登酒楼，开颜痛饮，因纵论天下大事，谓吾四人，当为兄弟，僇力中原。继首和之，一拜而定。①

章士钊（1881—1973），字行严，湖南善化人，著名民主人士、学者、社会活动家，1924 年以后曾任中华民国北洋政府段祺瑞政府司法总长兼教育总长、中华民国国民政府国民参政会参政员。1949 年以后，曾任全国人大常委会委员、政协全国委员会常务委员、中央文史研究馆馆长。1903 年 4 月，章士钊进入爱国学社，5 月任《苏报》主编，经常发表激烈的革命言论，因此结识章太炎、邹容、张继，并结拜为异姓兄弟，常在一起

①陈平原、杜玲玲编：《追忆章太炎（修订本）》，生活·读书·新知三联书店 2009 年版，第 29 页。

"纵论天下大事"。

邹容的《革命军》一书，其创作始于日本留学期间，并最终在上海爱国学社完成。邹容邀请章士钊为其题写书名，并请章太炎对作品进行"稍稍润色"并撰写序言。5月底，《革命军》由上海大同书局出版发行，署名为"革命军中马前卒"。章太炎在为《革命军》所作的序言中说：

> 嗟乎！世皆嚚昧而不知话言，主文讽切，勿为动容，不震以雷霆之声，其能化者几何？异时义师再举，其必籍于众口之不俚，既可知矣。今容为是书，一以叫眺恣言，发其惭恚，虽嚚昧若罗、彭诸子，诵之犹当流汗祇悔。以是为义师先声，庶几民无异志，而材士亦知所返乎！若夫屠沽负贩之徒，利其径直易知而能恢发智识，则其所化远矣。藉非不文，何以致是也？抑吾闻之，同族相代，谓之革命；异族攘窃，谓之灭亡；改制同族，谓之革命；驱除异族，谓之光复。今中国既已灭亡于逆胡，所当谋者光复也，非革命云尔。容之署斯名，何哉？谅以其所规划，不驱除异族而已，虽政教学术、礼俗材性，犹有当革命者焉，故大言之曰革命也。①

在序文中，章太炎盛赞邹容《革命军》是宣扬革命、激励

---

① 《章太炎全集》（第10卷），第232—233页。

民众的"雷霆之声"。宣称同族取代同族称为革命，异族掠夺称为灭亡；改变同族的制度称为革命，驱逐异族称为光复。中国已被"逆胡"所灭，当下应当谋划的是光复而非革命。但同时也指出邹容之署名"革命军中马前卒"，所表达的意义不仅仅包括"驱除异族"，还包括在政治、教育、学术、礼俗等方面的除旧布新。

《革命军》是一本普及革命思想的通俗著作，同时也是一本深入阐释资产阶级革命理论的书籍。全书字数仅两万余，分为绪论、革命之原因、革命之教育、革命必剖清人种、革命必先去奴隶制根性、革命独立之大义及结论七个章节。不仅提出了建立资产阶级民主共和国的具体方案，例如"设立中央政府作为全国事务的总机构""在各省通过投票选举产生总议员，再由这些总议员投票选出一位暂时大总统，作为全国的代表，同时选出一位副总统，各府州县也选举出若干议员""所有国民，无论男女，一律平等，无任何身份高低之别"等。

《革命军》犀利地揭示了清政府的腐败现象，提出"欲御外侮，先清内患"的观点，主张通过革命的方式，推翻清政府："呜呼！我中国今日不可不革命，我中国今日欲脱满洲人之羁缚，不可不革命；我中国欲独立，不可不革命；我中国欲与世界列强并雄，不可不革命；我中国欲长存于二十世纪新世界上，不可不革命；我中国欲为地球上名国、地球上主人翁，不可不革命。革命哉！革命哉！我同胞中，老年、中年、壮年、少年、幼年、无量男女，其有言革命而实行革命者乎？我同胞其欲相存相养相生活于革命也。吾今大声疾呼，以宣布革命之旨于天下。"①言辞激昂，极具煽动性。章太炎的序言则如虎添翼，提升了其理论高度。

《革命军》一经面世，便引起了巨大的轰动，各地纷纷翻印，销量超过一百万册，成为清末发行量最大的革命文献之一。它对民主革命产生了广泛而深远的影响，被誉为中国近代的《人权宣言》，也是第一部宣扬民族民主共和国理念的杰作。鲁迅评价说："倘说影响，则别的千言万语，大概都抵不过浅近直截的'革命军马前卒邹容'所做的《革命军》。"②

在邹容撰写《革命军》的同期，章太炎也写了脍炙人口的《驳康有为论革命书》。当时，康有为流亡海外，撰写了《与同学诸子梁启超等论印度亡国由于各省自立书》和《答南北美洲诸华商论中国只可行立宪不可行革命书》，主张立宪能够避免革命带来的流血牺牲。他强调，欧美国家之所以能够繁荣强盛，人民之所以能够享有自由，根本原因在于他们实施了立宪制度，对君主权力和民众权利都设定了限制。康有为还主张光绪帝复辟，认为光绪帝心怀仁德，关心并爱护民众，因此人民无须通过流血斗争，就能享受到类似欧洲国家的民主与自由。相反，如果中国选择革命道路，必将招致外国的干预，陷入深重的灾难。因此，他坚持认为中国应当实行立宪，而非革命。

---

① 邹容著，冯小琴评注：《革命军》，华夏出版社2002年版，第7页。
② 《鲁迅全集》（第1卷），人民文学出版社1981年版，第220页。

章太炎的《驳康有为论革命书》以公开信的形式呈现，从清朝的统治和种族压迫入手，对改良派的观点进行了逐一反驳。在文中，章太炎指出，欧洲的君主立宪并非仅凭言辞争取，而是通过流血牺牲换来的。光绪皇帝只是"未辨菽麦"的"小丑"，他当初赞同变法不过是为了笼络人心，稳固自己的帝位，一旦复辟，就会把中国引向灭亡。"公理之未明，即以革命明之；旧俗之俱在，即以革命去之。"他认为革命并非天雄、大黄般猛烈的药物，而是具有补泻双重作用的良药。革命是治理国家的良方，不会导致社会混乱。①《驳康有为论革命书》出版后，"上海市上人人争购"，风靡一时。

《革命军》和《驳康有为论革命书》的传播得到了《苏报》的推动。《苏报》是由胡璋（铁梅）夫妇于1896年在上海创办的一份报纸。由于经营不善以及其他因素的影响，该报在1898年10月被陈范接手。

陈范（1860—1913），号蜕盒，是清朝的一位举人，曾担任过江西铅山知县，后因教案问题被革职。陈范接受《苏报》最初的几年，主要是宣扬"维新""保皇"。1902年，南洋公学学潮爆发之后，《苏报》与爱国学社携手合作，开设了"学界风潮栏"，邀请了爱国学社的师生如蔡元培、吴稚晖等人撰写文章，报馆每月提供百金资助，作为爱国学社的运营经费。1903年5月，《苏报》聘请了爱国学社的章士钊担任主笔，章士钊上任后

---

① 《章太炎全集》（第8卷），第185页。

对《苏报》进行了改革，发表了许多激进的革命宣传文章。一时间，《苏报》成了当时上海最受瞩目的"制造舆论风潮"的报纸。

6月9日，《苏报》的"论说"栏目发表了题为《读革命军》的文章，作者署名"爱读革命军者"。文章中提到，"排满"是革命的潜在动力，是革命者必须经历的路径。《革命军》以国民主义为核心，以"排满"为手段，回顾历史，深究公理，以犀利的笔触、浅显直白的语言表达，即使是最顽固懦弱的人，目睹其事，耳闻其言，也无不面红耳赤，心跳加速，表现出拔剑入地，奋身入海的激情！"是今日国民教育之第一教科书"。6月12日，《苏报》刊载了《驳革命议》一文，指出改良派提倡的变法只是表面文章，无法挽救中国的危亡；立宪虽能救中国于危亡，但不足以实现中国的自由。历史上的各国革命，无不是通过流血牺牲实现的。6月20日，《苏报》"新书介绍"栏目推荐了《驳康有为论革命书》，批评康有为的《最近政见》力主立宪，议论荒谬，《驳康有为论革命书》反驳康有为是矛与盾的交锋，义正词严，不仅康氏无言以对，也足以震慑满族人的胆气。6月29日，《苏报》摘录了章太炎《驳康有为论革命书》的主要内容，并以《康有为与觉罗君之关系》为题发表。《苏报》实际上已经成了宣传革命的前沿阵地。[1]

章太炎及其同仁与《苏报》的举动激怒了清政府。早在5

---

[1]参见汤志钧编：《章太炎年谱长编（增订本）》，中华书局2013年版，第98页。

月，清廷便向当时的两江总督魏光焘发出电报，指令他秘密查禁并逮捕爱国学社中那些鼓吹革命的人士，并命令沿江各省的督抚进行搜捕。6月30日，英租界的巡捕根据命令前往苏报馆，将章太炎逮捕。7月2日，得知章太炎被捕的消息后，邹容主动前往巡捕房自首。与他们一同被逮捕的还有程吉甫、龙积之、钱允生以及陈范之子陈仲彝等人。7月6日，《苏报》遭封禁。这就是著名的"苏报案"。

7月15日，章太炎在监狱中给吴君遂、张伯纯的信中详细描述了他被捕的经过以及在狱中的状况。根据章太炎的自述，闰月六日入狱，七日到案。负责该案的各领事与工部局坚持不将被告移交内地。时任上海道台袁树勋动用五百名士兵，解除了被告的号衣，秘密潜伏在新衙门后方，准备将其劫持进城。巡捕房戒备甚严，传讯时，每位被告身旁都有一名英国警察陪同，马车上也有英国警察坐镇，多名持剑的英国警察在车辆前后护卫，街道和狭窄路口均有巡捕严密监视，以防发生意外。听证过程中，南洋法律官与翻译一同出现，宣布"中国政府到案"，说"中国政府控告苏报馆大逆不道，煽惑乱党，谋为不轨""中国政府控告章炳麟大逆不道，煽惑乱党，谋为不轨""中国政府控告邹容大逆不道，煽惑乱党，谋为不轨"。所列举的罪证则是书报中所记载的"贼满人""逆胡""伪清"等语。最终的审讯结果，钱允生、程吉甫二人与案件无关，陈仲彝是代父受过，自可释放。给章太炎的罪名除了其"革命逐满"外，还因为他在报刊上直接称呼康熙皇帝、乾隆皇帝、光绪皇帝的名讳，甚至骂光绪皇帝"载湉小丑"，犯了触犯庙讳，指斥乘舆罪。庭审的过程令章太炎大感意外，直呼："彼自称为中国政府，以中国政府控告罪人，不在他国法院，而在己所管辖最小之新衙门，真千古笑柄！"①

7月16日，《申报》报道了首次审讯的情况：

昨晨，有印度巡捕数十名，骑马持械，督以捕头，偕某某诸号西捕，拥护马车二辆，风驰云卷，由四马路老巡铺房迤逦过浙江路大桥，以抵英、法租界会审公廨，异而询之，则解奉旨拘拿之在沪创办爱国学社，妄谈革命灭清，并刊行《苏报》及《革命军》，倡议背叛朝廷之章炳麟、邹容、程吉甫、龙积之、钱允生及陈范之子陈仲彝请讯也。钟鸣十下，谳员孙建臣直刺会同英总领事署迪翻译官升堂研鞫。政府律师古柏及哈华托带同舌人到案。邹等亦延博易及高易公馆律师琼司职夥雷满上堂声辩。先由古律师声称：本律师上次到堂，尚未问明各节，现在各人犯缘由，已逐一稽查清楚，苏报馆主陈范即陈叔畴，为现到案之陈仲彝生父，实主持报馆笔政。程吉甫系司账人。该报污蔑朝廷，大逆不道，其中有与满人九世深仇，及保护中国不保护满人之语。甚至本月初五日报中，直呼今上之名，指为小丑。初十日论说，有四万万之同胞，不共戴天，仇杀

---

① 《章太炎全集》（第12卷），第122页。

满人，及杀尽胡人方罢手，快哉等悖逆之词。某日更谓以
四万万人杀一人。其余如排满、灭清、贼清、胡虏之类，
种种逆说，不可枚举。①

《申报》的报道比章太炎信中所叙述，细节更为详细。7
月22日，《申报》报道了21日的第二次"审讯"情况，参与审
讯的还是孙建臣、迪翻译官、中国政府律师古柏及哈华托等。
这一次，古律师声称，上次会审后，查得此案之外另有交涉，
相关事宜尚未得到妥善解决，因此今天不便向法庭陈述。他请
求待事宜解决后再安排会审日期。博律师则指出，古律师延期
会审的请求不应该得到法庭的批准。既然有交涉事宜，具体是
与何方进行交涉，应当明确指出来。博律师还强调，根据《公
共租界章程》，租界内的事务应由公堂审理。现在的原告究竟
是谁，是政府吗？还是江苏巡抚？抑或是上海道台？他表明自
己无法得知。孙建臣则说章、邹等人是奉旨由江苏巡抚下令拘
捕的，作为地方官员，他只能遵照执行，并出示了相关的文
件。博律师进一步声明，如果中国政府的律师无法明确指出
章、邹等人所犯何罪，也无法明确交涉的具体内容，那么应请
求立即撤销此案。哈律师则认为案情已经非常明朗，建议等待
政府将交涉事宜处理妥当后，再确定会审日期。孙建臣和迪翻
译官均表示同意。因此，法庭命令将章、邹等五人继续交由巡

---

①汤志钧编：《章太炎年谱长编（增订本）》，中华书局2013年版，第101页。

捕看管。

　　古律师所谓的"此案之外另有交涉"，是指清政府正在与租界当局交涉，企图将章、邹"引渡"，解至南京处死。这也说明章太炎和邹容的逮捕以及苏报馆的查封，实际上是清政府在背后操纵的结果。但由于在这一事件上，英、法、美、日、俄等国意见不一，租界巡捕与清政府之间始终存在分歧。最终，经过多次审判之后，12月24日，章太炎和邹容被宣判，"拟科以永远监禁之罪"。消息一经传出，舆论大哗。到了次年五月，在舆论压力之下，租界政府不得不改判章太炎监禁三年，邹容监禁两年。罚做苦工，限满释放，驱逐出境。钱允生、陈吉甫、龙积之被释放，陈仲彝被准许交保寻父到案。这场备受瞩目的"苏报案"最终以这种形式落下帷幕。

　　"苏报案"在当时引起了极大的轰动，成为社会各界关注的焦点。除了媒体的持续关注，章太炎的友人们也从多个角度对他进行了营救和支持。章太炎刚一被捕，他的朋友吴君便迅速为他聘请了律师，并提供了三百元墨银①的经济援助。章太炎的挚友黄宗仰等人更是不遗余力地设法营救。《江苏》第四期也发表了《咄！汉满两种族大争讼》《祝苏报馆之封禁》等文章，以示声援。上海《泰晤士报》《中国日报》等媒体也给予了有力的声援。在社会各界强大的舆论压力下，租界当局最终将"拟永远监禁"的判决改为判处章太炎三年监禁、邹容二

---

①又称鹰洋，当时墨西哥使用的一种货币。

年监禁。

"苏报案"发生后，章太炎不仅在法庭上不屈不挠地与清廷抗争，还持续撰写文章，积极宣传革命理念。8月4日，得知曾参与自立军的沈荩（字禹希）因为在报上揭露《中俄秘约》的内幕而遭到清政府杀害后，他立即撰写了《狱中闻沈禹希见杀》以表达哀悼。8月23日，上海举行追悼会以纪念沈荩，章太炎再次挥笔写下《祭沈荩文》，以示深切的悼念之情。此外，在8月9日，他发表了《论承用维新二字之荒谬》一文于《国民日日报》，通过深入分析历史文献中"维新"一词的含义，揭示了康有为等人维护皇权的真实意图。

在随后的三年牢狱生活中，章太炎一方面与外界保持着通信联系，用写信的形式参与外界的革命活动，革命热情丝毫不减。在1904年的冬季，绍兴人陶成章成功地联合了来自安徽和江苏的众多有志之士，在上海成立了光复会，并推选蔡元培担任会长。光复会的前身乃是军国民教育会，是由1902年章太炎在日本组织的支那亡国纪念会演变而来的，章太炎是主要发起人之一。光复会成立之初，章太炎在狱中通过书信与蔡元培、陶成章等革命同志保持互动，并参与了光复会的组织工作。"光复"一词，就是源自章太炎于1903年所著《〈革命军〉序》一文："同族相代，谓之革命；异族攘窃，谓之灭亡，改制同族，谓之革命；驱除异族，谓之光复。"1905年2月23日，邓实等人在上海创立《国粹学报》，邓实担任主编，当时身处困境的章太炎亦是其重要的撰稿人之一。在《国粹学报》的创刊号上，章太炎发表了《与刘申叔书》和《再与刘申叔书》。其后，又陆续在第二号至第九号上发表了《章太炎释真》《章太炎谈佛典杂记》《章太炎答某君书》《章太炎答某君论编书书》等。《国粹学报》以"研究国学，保存国粹"为己任，推动了近代"国学热"的兴起，章太炎在其中扮演了不可或缺的角色。

"苏报案"以极端的形式扩大了革命的影响力。章太炎、邹容以及《苏报》的言论和表现，特别是章太炎和邹容不畏牺牲、慷慨赴义的"烈士"形象，成就了章太炎"革命领袖"的美誉，确立了他在近代资产阶级革命中的重要地位。他在监狱中创作的《狱中赠邹容》《狱中闻沈禹希见杀》等诗篇，广为流传，激发了一代人反对清朝统治的热情。鲁迅曾言："我的知道中国有章太炎先生，并非因为他的经学和小学，是为了他驳斥康有为和作邹容《革命军》序，竟被监禁于上海的西牢。那时留学日本的浙籍学生，正办杂志《浙江潮》，其中即载有先生在狱中所作诗，却并不难懂。这使我感动，也至今并没有忘记。"①鲁迅的言论颇具代表性。章太炎夫人汤国梨在谈到他们的婚姻时说：关于章太炎，对一个女青年来说，有几点是不合要求的：一是其貌不扬，二是年龄太大，三是很穷。但为了革命，在清朝统治时期，即剪辫子以示决绝，其硬骨头气魄和治学精神，却非

---

① 《章太炎全集》（第20卷），第148—149页。

庸庸碌碌者可企及。①这也从一个侧面反映了章太炎在那个时代的影响力。

---

①参见陈平原、杜玲玲编：《追忆章太炎（修订本）》，生活·读书·新知三联书店2009年版，第71页。

1906年6月29日，章太炎结束了服刑期，重获自由。根据当年租界当局在审判时所定的规定，章太炎获释后，在租界的逗留时间不得逾越三天。出于个人安全的考虑，出狱的当天晚上，章太炎即在迎接的同盟会总部代表的陪同下，登上了前往东京的日本客轮，开始了第三次流亡日本的生活。

一、主编《民报》

章太炎抵达日本后，受到了孙中山以及众多留日学生的热情接待。7月15日，同盟会总部在东京神田町锦辉馆举行了一场盛大的欢迎仪式。该仪式从上午9时开始，一直持续到中午12时。根据章太炎的弟子许寿裳的记载，参与者多达七千余人，座位尢一空缺，甚至屋檐上都站满了人。为的是来日睹这位"革命伟人、中国救星"。章太炎在欢迎会上做了即席演讲，

"发狮子吼"，"庄谐间出，听众耸然"。①章太炎的演讲主要有两个方面：

首先，章太炎回顾了自己的生平历程，并公开承认自己具有"疯癫"特质："独有兄弟却承认我是疯癫，我是有神经病，而且听见说我疯癫，说我有神经病的话，倒反格外高兴。"他的理由是：自古以来，那些成就大学问、大事业的人，往往都带有某种神经质。他列举了古希腊的苏格拉底、伊斯兰教的穆罕默德、中国明朝的熊廷弼以及近代的左宗棠等人物，认为这些人的伟大成就都是"从神经质中涌现出来的"。他甚至希望革命的同伴们，每个人都能拥有一点神经质。他强调，不怕有神经质，而怕立场不坚定，在面对富贵利禄时，神经质便不复存在。他打比方说，思想就像货物，而神经质则如同一艘汽船，只有将缜密的思想搭载在这艘神经质的汽船上，才能成就一番事业。

其次是"近日办事的方法"。他提出，首要的是培养情感。缺乏情感，即便你是拿破仑、华盛顿，人们仍旧心怀异志，难以形成团结。人的情感本质上就是一种神经病。为了培养这种情感，有两件事是最重要的："第一，是用宗教发起信心，增进国民的道德；第二，是用国粹激动种姓，增进爱国的热肠。"②生存竞争，各自为己，只有团结一致才能展现出力量。没有宗教的支撑，道德难以提升。欧美国家之所以能有今天的成就，

---

① 参见许寿裳：《章太炎传》，江西教育出版社2019年版，第28页。
② 《章太炎全集》（第14卷），第4页。

是因为他们信仰基督教。中国的孔教、基督教并不适用，最适宜的是佛教，特别是佛教中的华严宗和法相宗。华严宗提倡普度众生，愿意牺牲一切，包括身体的每一部分，这对道德建设极为有益。法相宗则强调"万法唯心"，认为所有有形的物质和无形的概念都是虚幻的，非真实存在。有了这样的信仰，才能无所畏惧，团结一心，从而成就伟大的事业。①因此，推广佛教对于提升社会道德至关重要，同样对于增强革命军的道德水准也具有重大意义。

倡导"国粹"，并非意在推崇孔教，而是旨在唤起人们对汉民族历史的珍视。汉民族的历史，从广义上讲，涵盖了语言文字、典章制度以及杰出人物的事迹。中国古代将语言文字之学称为"小学"。由于文字的创造顺序能够反映事物建立的先后，所以小学是社会学的一部分。文章的根基在于文字。唐代以前，文人学者普遍精通小学，因此他们的著作文采斐然，情感丰富，能够触动人心。推广小学，能够极大促进文学的复古，这不仅是爱国，也是保护民族的必要之举。中国的政治体制是君主专制，这是需要摒弃的，但历代的典章制度都有其合理之处，尤其值得珍视。例如，其中的"均田"制度，与"社会主义"理念相契合，是欧美国家所不具备的。我们对中国典章制度的崇拜，在情感上是不可或缺的。中国历史上既有建功立业的英雄，也有在学术上有所建树的人物。对于前者，我们要学习他们那

———————————

①参见《章太炎全集》（第14卷），第6页。

"俊伟刚严的气魄"，如南宋抗金名将岳飞。在学术领域，如周秦时期的荀子、庄子，其学问远超日本的物物茂卿（荻生徂徕）。还有清代的戴震，专研儒学，却对宋儒持不同见解。若要激发爱国情怀，必须挑选一些功业和学问上有成就的人物，时常铭记于心，这是至关重要的。即便没有直接相关的人物，古代的事件和遗迹也能激发爱国情感。

章太炎此次访问日本，主要任务是担任《民报》的主编。

《民报》作为中国同盟会的官方刊物，于1905年11月26日在日本东京创刊。其宗旨在于弘扬民族主义、国民主义、民生主义，并倡导种族革命、政治革命、社会革命。到了1906年10月，其发行量已超过17000份，成为当时中国民主革命派的一面旗帜。早在6月29日，即章太炎获释当天，同盟会的代表便转达了孙中山的邀请，希望他前往日本担任《民报》的主编。1906年7月25日，《民报》第六号刊登了一则广告，宣布章太炎将接任主编一职。9月5日，由章太炎主编的《民报》第七号正式发行。截至1908年10月《民报》被日本当局封禁，章太炎共主编了《民报》16期，并在其中发表了83篇文章。鲁迅回忆当时的情景表示："我爱看这《民报》，但并非为了先生的文笔古奥，索解为难，或说佛法，谈'俱分进化'，是为了他和主张保皇的梁启超斗争，和'××'的×××斗争，和'以《红楼梦》为成佛之要道'的×××斗争，真是所向披靡，令人神往。"①鲁迅的

① 《章太炎全集》（第20卷），第149页。

话道出了章太炎主编《民报》的主要任务：即与"保皇的梁启超"的斗争。

早在 1902 年 2 月，梁启超便在日本横滨创立了《新民丛报》，作为宣扬君主立宪，反对民主革命的阵地。《新民丛报》在创刊初期，以其清新的文风和创新的观点，介绍了不少西方资产阶级学说，并积极倡导民族主义，对以慈禧太后为首的清政府腐败现象进行了尖锐的批评，赢得了广泛的支持。然而，随着时间的推移，该报逐渐走向保守。章太炎接任《民报》主编的时候，正值革命派与保皇派论战的高潮。1906 年 3 月 27 日，同盟会在《民报》第三期上发布了特别号外，名为《民报与新民丛报辩驳之纲领》，其中详细列出了双方在关键问题上的根本分歧，核心议题涵盖了是否需要革命、是否应当推行民主政治、是否应该改革封建土地制度等。据悉，革命派与保皇派的 20 余种报刊均参与了这场激烈的论战。章太炎担任《民报》主编后，陆续发表了《无神论》《革命之道德》《建立宗教论》《箴新党论》《说林》《与人书》等重要文章。

《无神论》一文发表于《民报》第八期，文中提出，世界上的主要宗教和哲学体系大致可以分为三类：唯神论、唯物论和唯我论。在印度佛教中，吠檀多派主张大梵为宇宙本源，属于唯神论；鞞世师（卫世帅）派则持唯物论观点；僧佉派则主张唯我论。三者之中，唯我论与佛教的唯识宗有相似之处，有时甚至被佛教所采纳；唯物论倾向于观念平等；而唯神论则推崇一神信仰，与平等观念相去甚远。若要实现众生平等，首先必须破除有神论。基督教自认为是永恒不变、全知全能、独一无二、无所不包的存在，但这种观点本身是站不住脚的，因为所谓的上帝并不存在。至于康德所言"神之有无，超越认识范围之外，故不得执神为有，亦不得拨神为无"，这不过是一种考虑不周的见解。

《革命之道德》与《无神论》在同一期发表，文中阐述了作者在当时革命浪潮中对革命道德的深刻理解，以及这种道德对于革命成功的重要性。章太炎所定义的革命，并非单纯的革命，而是光复，即光复中国的种族、州郡和政权。以光复之实，冠以革命之名。他认为，道德的衰败是导致国家和民族灭亡的根本原因。缺乏道德的人，绝不可能肩负起革命的重任。戊戌变法、庚子保皇的失败，正是由于参与者的道德败坏。道德的核心要素，包括顾炎武所强调的"知耻""重厚""耿介""必信"。从职业角度而言，农民和工人是道德最为高尚的群体。而官僚和军官由于普遍缺乏道德，因此他们的革命行动往往难以取得成功。

《建立宗教论》发表于《民报》第九期，文章中引用并评述、吸收了柏拉图、芝诺、罗瑟琳、斯宾诺莎、康德、黑格尔、费希特、叔本华、哈特曼等西方哲学家的理论，试图通过佛教的核心教义来重塑中国社会的价值体系。他提出，评价宗教优劣的标准是"上不失真，下有益于生民之道德"。在追求精神层面，应"以证悟涅槃为的"，而在现实生活中，则应通过布施和无畏施等方式，与侠义精神、宋墨之道相契合。章太炎认为，虽然"万有皆神"的观念尚未形成宗教，但它具备了建立宗教的基础。因此，建立宗教应当以佛教唯识宗为根本，一切以利益众生为宗旨。

章太炎在上述三篇文章中，提出了革命道德的标准，并致力于寻找提升国民道德的路径，这体现了他"用宗教发起信心，增进国民的道德"的理念。

《箴新党论》发表于《民报》第十期，其批评对象为康有为、梁启超等保皇派人士。1906年9月1日，清政府颁布《宣示预备立宪谕》，随后各地纷纷成立立宪团体。康有为发表文告，主张中国应实行君主立宪制而非共和革命，认为革命会导致内乱和外敌瓜分，并计划于1907年2月13日将保皇会更名为"国民宪政会"。梁启超亦积极筹备政党，并公开宣称保皇党与政府的斗争尚在其次，与革命党的斗争才是首要任务。[1]针对这些观点，章太炎撰写了《箴新党论》进行反驳。他指出"新党"混淆是非，不辨美丑，仅以追求"新"为名，通过耸人听闻的言论来吸引公众注意。章太炎以康有为为例，指出其七次上书，内借翁同龢之力，外得张之洞支持，其所作所为不过是"足以达其所望则和之，不足以达则去之，足以阻其所望则畔之"，即能达成目的则合作，不能则背离，阻碍目的则反叛。康有为的多次行动之所以失败，皆因同党不团结甚至相互告密。这样的"新党"，名义上追求革新，实际上却仍受"旧俗"影响，"其

---

[1]参见汤志钧编：《章太炎年谱长编（增订本）》，中华书局2013年版，第133页。

议论则从新，其染污则犹旧"。维系他们的纽带是师生、同年、姻亲、同乡之谊，难以改变，想要建立议院，挽救国家民族，必不可能。

1906年12月2日，《民报》迎来了其成立一周年的纪念会。在纪念会上，章太炎发表了慷慨激昂的演讲：

> 目下言论渐已成熟，以后是实行的时代。但今日实行上有一种魔障，不可不破。因以前的革命，俗称强盗结义；现在的革命，俗称秀才造反。强盗有力量，秀才没有力量。强盗仰攀不上官府，秀才仰攀的上官府，所以强盗起事，没有依赖督抚的心，秀才就有依赖督抚的心。前此数年，遍地是借权的话。直到如今，讲革命的，也想借到督抚的权，好谋大事，这真糊涂得很……强盗从没有靠官府造反的心，会党略有数分，学界中人，更加数倍。论他志气的下劣，与自信力的薄弱，较之会党、强盗，不免有些惭愧……

> 督抚革命，万无可望……假如督抚革命，果然成事，虽则种族问题可以解决，那政治改良的事，仍是不成。且看从古革命的历史，凡从草茅崛起的，所用都是朴实勤廉的人士，就把钱代弊政一扫而尽；若是强藩内侵，权臣受禅，政治总与前朝一样，全无改革。因为帝王虽换，官吏依然不换，前代腐败贪污的风俗，流传下来，再也不能打扫。像现在官场情景是微虫霉菌，到处流毒，不是平民革

命，怎么辟得这些瘴气？若把此事望之督抚，真是其愚不可及了⋯⋯

从今以后，我汉人兄弟，请把依赖督抚的一念，早早打消。但想当兵，不要想当奸细；但想做将士，不要想做参谋。这革命大事，不怕不成；中华民国，不怕不立。①

在《〈民报〉纪念会祝辞》中，章太炎大声疾呼："相我子孙，宣扬国光，昭彻民听。俾我四百兆昆弟同心戮力，以厎虏酋爱新觉罗氏之命，扫除腥膻，建立民国，家给人寿，四裔来享。"②

章太炎以其锐利的文风和尖锐的批评，吸引了众多读者。《民报》的销量也日益增加，有时候一天能销售2万多份，令梁启超及其《新民丛报》难以匹敌。1907年1月10日，梁启超在给徐佛苏的信中表达了对章太炎的敬意："章君前久耳其名，今心理能变迁如此，真可敬。"同时，他提出了愿意在报纸上发表声明，以停止双方的论战。同日，徐应奎向宋教仁透露，梁启超在报纸上反驳宋的文章，实属无奈之举，并表示"苟可以调和，则愿不如是也。《民报》动辄斥其保皇，实则卓如已改变方针，其保皇会已改为国民宪政会矣"。他希望宋教仁能出面与民报社协商，以使双方今后能和平交流，不再互相攻击。章太炎

---

① 《章太炎全集》（第14卷），第68—70页。
② 《章太炎全集》（第8卷），第215页。

接受了梁启超的和解请求，表示"可以许其调和"。自此，《民报》与《新民丛报》之间的大规模论战宣告结束。章太炎在这一论战中为《民报》的胜利作出了巨大贡献。

章太炎的弟子许寿裳回忆道：在章太炎担任《民报》编辑之前，该报对康有为和梁启超的批评文章，虽然笔锋锐利，但有时难免过于尖刻。但章太炎的论点公正无私，读者们深感敬佩。章太炎又特别注重道德和节操，与同仁们互相激励……这些言论都足以让人警醒，因此同仁们将其视为准则，坚守节操，同仇敌忾即使牺牲生命也在所不惜。当时，《民报》已经风靡国内外，清政府越是禁止，其传播就越广。国内的有志青年，无不暗中传递，争先恐后地阅读，甚至一些资深的官员和社会名流也感到振奋和感慨。[1]

1907年后，章太炎继续担任《民报》的主编工作，并在《民报》上先后发表了《讨满洲檄》《中华民国解》《定复仇之是非》《国家论》《排满平议》《驳神我宪政说》《驳中国用万国新语说》《四惑论》《哀陆军学生》《革命军约法问答》《马良请速开国会》《五朝法律索隐》《代议然否论》《规新世纪》以及时论多篇。其中，《讨满洲檄》于光绪三十三年（1907）发表在《民报》的临时增刊《天讨》上。文章以中华民国军政府的名义，历数清政府十四条大罪并檄告天下，军政府将奋起驱逐北方势力，摧毁其根基，以维护中华种族的权益。誓言"当扫除

---

[1] 许寿裳：《章太炎传》，江西教育出版社2019年版，第30—32页。

鞑虏，恢复中华，建立民国，平均地权。有渝此盟，四万万人共击之"[①]。《中华民国解》是对杨度所著的《金铁主义说》进行回应的文章。1907年1月20日至5月20日，《中国新报》连续刊载了杨度所著的《金铁主义说》，共计五期。杨度认为，"中华"是一个文化概念，"中华民族"作为以汉族为主体的多元民族共同体的称谓，包括了蒙古族、回族、藏族以及汉族、满族等众多民族，它们各自拥有独特的文化。解决各民族之间的差异，应采取文化民族主义的方法，而不是排斥性的血统民族主义。革命派推崇的民主立宪方式，在维护领土完整和民族团结方面面临挑战。若要确保领土完整，就必须同时保护蒙古族、回族、藏族等民族；若要保护这些民族，就不得不保留君主制。因此，立宪只能是君主立宪，而非民主立宪。[②]章太炎在其《中华民国解》中，从文字学和历史学的角度对"中国"进行了定义，认为"中华民国"是领土、种族和历史的综合体。他指出，"华""夏""汉"这些名称，无论哪一个被提及，都涵盖了这三重意义。以"汉"作为民族的名称，体现了国家的含义；以"华"作为国家的名称，则蕴含了民族的含义。这正是"中华民国"这一称谓的由来。[③]章太炎认为，历史上，越南、朝鲜、柬埔寨等国在汉魏时期，无论是在民族、语言还是血缘文化上，都曾隶属于中国。在明代，云南地区设有土司，

---

① 《章太炎全集》（第8卷），第198页。

② 《杨度集》，湖南人民出版社2009年版，第302—303页。

③ 《章太炎全集》（第8卷），第258页。

缅甸与中国在血缘文化上有着紧密的联系。从中华民国的疆域来看，可以优先考虑恢复越南和朝鲜两个省份，其次是缅甸。至于西藏、回部、蒙古三族与汉族的关系相对较远，可以允许它们保持一定的自主性。这样的安排既维护了国家的领土完整，也尊重了蒙古族、回族、藏族各民族的自主权。1912年，民国政府定"中华民国"为国号，就是采纳了章太炎的解释。章太炎被誉为"中华民国之父"，即源于此。

综上所述，在章太炎的领导下，《民报》取得了显著的成就，为他本人带来了极高的声望，同时也引起了清政府的警觉。1907年9月4日，清政府外务部向日本政府发出照会，要求日本政府禁止在日本境内出版的《民报》和《洞庭报》。1908年10月19日，经过一系列的策划和谈判，日本政府以《民报》违反了日本的《新闻纸条例》为借口，下令禁止《民报》发行和销售。章太炎在21日、23日和26日，三次致信日本内务大臣，并亲自前往警察厅进行抗议，然而这些努力均未能改变结果。最终，日本政府以《民报》内容涉嫌煽动暗杀和破坏公共安全为由，禁止其发行。

《民报》的被封，也导致了章太炎与孙中山的分裂。实际上，在《民报》被封之前，该报的经费状况已经十分严峻。章太炎曾派遣代表前往南洋进行募捐，并多次致信孙中山，期望得到其经济援助。其时，孙中山在河口等地发动的反清起义失败，他们自身的经济状况也极为窘迫，无法为章太炎提供支持。章太炎因此埋怨孙中山不支持《民报》，同盟会内部因此出现了裂痕，章太炎与孙中山的关系开始恶化。到了 1910 年 2 月，光复会在东京重建总部，章太炎和陶成章分别被选为会长和副会长。3 月 10 日，他们发行了《教育今语》杂志作为通讯机关，宣称以"保存国故，振兴学艺，提倡平民教育为宗旨"，开始了独立的革命活动。他们在南洋和南方各省积极发展会员，在浙江、上海等地组织了"光复军"。至此，章太炎与同盟会正式分道扬镳。

《民报》自 1905 年 11 月创刊起，至 1909 年 3 月 3 日被日本政府无理取缔，其间共出版了 20 多期。在这段时间里，《民报》连续发表了一系列政论文章，对宣传革命、倡导革命起到了巨大作用，并产生了深远的影响。

第三章 民国元勋——民国时期章太炎的革命活动

1911 年 10 月 10 日，武昌爆发了由革命党人发动的武装起义。经过一昼夜的激烈战斗，革命党人成功攻占了湖广总督衙门。10 月 12 日，他们又占领了汉阳和汉口，并成立了湖北军政府，推举黎元洪为都督，将国号改为中华民国。由于 1911 年恰逢农历辛亥年，这场由武昌起义引发的资产阶级民主革命称为"辛亥革命"。11 月 15 日，章太炎结束了他在日本的讲学活动，返回上海。

第一节

捍卫『共和』

1911年11月16日，上海《民立报》刊登了章太炎回国返沪的消息，同日发表了题为《欢迎鼓吹革命之文豪》的社论。社论指出："章太炎，中国近代之大文豪，而亦革命家之巨子也。正气不灭，发为国光，文字成功日，全球革命潮，呜乎盛已。一国之亡，不亡于爱国男儿，文人学士之心，以发挥大义，存系统于书简，则其国必有光复一日，故英雄可间世而有，文豪不可间世而无，留残碑于荒野，存正朔于空山，祖国得有今日，文豪之力也。"同时，社论赞誉章太炎为"新中国之卢梭"。同一天，马来西亚槟榔屿的《光华日报》刊登了一篇题为《文字功》的时事评论，评论指出：今日革命军的显著成就，应当归功于文字的力量。文字之功首先应归功于章太炎和邹容。文章回顾道，在甲午、乙未年间，全国民众的思想被封闭，文人墨客沉醉于科举制度，除了八股文之外，几乎一无所知。章太炎一生拒绝参加清朝的科举考试，他倡导民族主义，其所著《訄书》，发挥透辟，使得革命学说如春笋般迅速萌芽，并不断发展

壮大。①既表达了对章太炎作为革命家的高度认可，也表达了对章太炎回归祖国，领导革命的期待。

然而，正如鲁迅所言，"民国元年革命后，先生的所志已达，该可以大有作为了，然而还是不得志。"②辛亥革命是热心爱国的仁人志士所推动的，事发突然，事变之前，各省各自为战，缺乏统一的组织。民国成立后，基础不稳，危机四伏，围绕权力和利益的分配，不同团体、不同地域之间爆发了激烈的冲突，而旧官僚、旧立宪派人士则纷纷投入革命，进行政治投机，形成了四分五裂各自为政的局面。在章太炎回国之前，围绕是否承认湖北军政府为临时中央政府，或是另立临时中央政府等问题，革命派与改良派之间展开了激烈的斗争。

11月30日，各省代表齐聚武昌，举行了一场重要的集会。在会议上，谭人凤被推选为临时议长。经过深入讨论，代表们一致通过了临时政府组织大纲。同时，他们达成了一项重要决议：若袁世凯能够归顺革命，则支持他担任临时大总统。12月4日，各省代表进一步决定将南京作为临时中央政府的所在地，并推选黄兴和黎元洪为正副大元帅，但黎元洪通电反对。16日，代表们重新选举黎元洪和黄兴担任正副元帅，黄兴又坚决拒绝接受这一职位。南京中央临时政府的一时难产。当时，革命党人面临的关键问题包括：应该建立一个什么样的政府？是

①参见汤志钧编：《章太炎年谱长编（增订本）》，中华书局2013年版，第208页。
②《章太炎全集》（第20卷），第149—150页。

联邦政体还是民主共和政府？谁将负责建立这个政府？以及，应该采取何种方式来建立这个政府？

章太炎很早就意识到了这一点。在11月发表的《自日本归国途中之政见》一文中，章太炎表达了他对未来的担忧：今日，我们应当深思的问题是，在清朝覆灭之后，新的政体将如何运作？如果能有杰出的领袖出现自然最好，否则，我们只能选择共和政治来取代清朝尝试失败的君主立宪制。然而，共和政治有多种形式。以法国为例，由于其国土面积不大，民族、历史、风俗、语言等方面差异较小，因此在中央集权体制下仍可实行统一的共和政治。但中国的情况不同，历史、风俗、语言在各省之间存在显著差异，我们不能简单地效仿法国。那么，什么政治体制最适合中国呢？联邦政治或许是唯一的选择。遗憾的是，革命党的同志们对共和政体充满憧憬，对于联邦政治却意见不一，这可能导致中国再次陷入混乱的局面。①

11月19日，归国后的章太炎与武昌军政府的临时代表胡仰、胡纬、胡瑛、何海鸣、邹廊，以及伍廷芳、李平书、马君武、蔡治民、叶惠钧、朱少屏、李以棋、李登辉等20多人，联合起来，共同发布了《中华民国联合会开会通告》，请各省及各团体派遣两名代表，于十月初一齐聚上海西门外江苏教育总会，以推动中国临时政府的成立，并暂设临时外交总机关。②章太炎

①参见《章太炎全集》（第10卷），第387页。
②《章太炎全集》（第10卷），第373页。

又与程德全共同发布了《中华民国联合会启事》，重申成立中华民国联合会的初衷，强调在革命胜利之后，首要任务是构建新的政府体系。他们警告，如果各方各自为政，争夺权力和利益，必将导致内政和外交无法实现统一，从而导致国家分裂，最终可能重演东周、晋、唐末期的割据混乱局面，招致国家面临被列强瓜分的悲惨命运。他认为协议组织临时政府为统一的基石，临时政府仅是形式上的统一机构，其能否真正实现统一，关键在于议会能否顺利召开。政体分为联邦制与民主共和制，选择何种政体需谨慎考虑，一步走错，可能带来长远的后患。中华民国联合会的成立，旨在设立一个言论平台，聚集各省的有识之士，共同探讨共和联邦政治在当前是否适用，以统一思想；同时调查各省独立团体的状况，监督其行动，支持共和政府的完全建立。11月20日发布的《中华民国联合会简章》，也反映了上述宗旨。

在接下来的很长一段时间内，章太炎持续致力于推动和监督中华民国的建立。例如，在12月1日，章太炎在《民国报》第二号上发表了《宣言》九则，就临时政府的设置和权限等问题提出了自己的见解，笔者总结如下：

（一）确定武昌作为临时政府的驻地。"首领"只当称元帅，不称大总统。同样，各省的军事指挥官也不应被称为总统。总统的职位应通过民众的选举产生，而不是单方面宣称。鉴于北方局势的不稳定和民众意见有分歧，目前不适宜进行公开选举，因此总统职位不能自行设立。元帅和都督都是正式的军事职务头衔。

（二）各省应只设立一名都督，其他负责指挥军队的将领应被称为司令或部长，并且与民政官员一样，应接受都督的领导和管理。

（三）成立的中央政府临时性质，由于战事尚未结束，其发布的政令仍然属于军政范畴，民政官员也应受其管辖。地方的咨议局议员仅拥有讨论民政事务的权力，无权参与军政事务的构建。待共和国政府正式成立后，再授予议员更大的权力。

（四）应尽快建立政府，迅速推举出"首领"。对内，可以及早减少混乱；对外，可以减少外部势力的觊觎。

（五）推选黎元洪和黄兴为正、副元帅。"初起倡议者黎公，力拒北军者黄公，今之人望，舍此焉适？"孙中山擅长理论，具有"元老之才"，不应"屈之以任职事"。

（六）"首领"负责任命内阁总理，而总理则负责组建内阁各部。内阁成员应由中央政府统一选拔，各都督府不得擅自推荐内阁成员。他推荐宋教仁担任内阁总理，汤寿潜为邮传部部长、蔡元培为学部部长、张謇为财政部部长、伍廷芳为外交部部长。①

12月25日，享有盛誉的革命领袖孙中山，从法国经由香港回国。同一天，听说临时政府拟由各都督选员代表各省，组织参议院，章太炎撰写了《中华民国联合会呈请组织参议院文》，

①参见《章太炎全集》（第10卷），第389—391页。

明确表达了他的反对意见，并呼吁迅速除旧布新，建立新的民选参议院，开展立法工作。在《中华民国联合会呈请组织参议院文》中，章太炎阐述道，共和政治的核心在于伸张民众的权力，而实现这一目标的关键机构便是民选的议院。这是当前迫切需要关注且不可草率处理的事务。他指出，民国上一次设立的议事机构是由各都督选拔组成的，这种以行政官员参与立法的做法仅是权宜之计，并非长久之策。随着共和事业的初步展开，立法的重要性不容忽视。尽管我们可能无法立即达到欧美国家那样的完全民选制度，但建立民选的参议院是绝对不能被忽视的。由各省都督代表组成的参议院，仅能代表各省都督府的利益，而无法代表全体国民的共同意愿。因此，他建议向各省发出通告，召集省议会，通过选举产生议员，并迅速前往南京组建参议院。至于先前由各都督府组成的参事院，其职能应仅限于参与行政事务，不得干预立法权。

12月29日，各省代表会议选举孙中山为临时大总统。1912年1月1日，孙中山在南京正式就任临时大总统，中华民国南京临时政府宣告成立。1月3日，经过长时间的筹备，由章太炎领导的中华民国联合会，在上海教育总会隆重举行了成立大会。在这次大会上，章太炎被选为会长，程德全任副会长，唐文治、张謇、蔡元培、应德闳、熊希龄、张通典、黄侃、汪德渊、邓实等十九人被选为参议员。联合会内部结构明确，设有总务、文牍、交际、会计四个科室，以确保各项事务的高效运作。章太炎在会议上发表了演讲，明确指出该会的性质是"对于政府立于监督补助地位", 限制的事项, 包括对大总统权力的制约, 以防止权力过分集中。行政官员除大总统外, 不应通过民选产生; 行政部应对议会负全责, 不宜像美国那样实行极端的权力分立。中国传统的良法美俗应予以斟酌保留。不应将任何宗教定为国教, 禁止本国公民在境内取得外国国籍。该会由参议会推举德高望重的人士担任, 以保障和促进会务的持续发展。该会成立以后, 向各省发出通告, 召集省议会选举议员, 并迅速前往南京组织参议院, 并得到了临时大总统的回应。

为了提升中华民国联合会的影响力, 并确保其"监督与补助"职能得到有效发挥, 1月4日, 章太炎等人创立了中华民国联合会的机关纸——《大共和日报》。该报致力于推广共和政治的理念, 强调"民主立宪、君主立宪、君主专制"是政体优劣的区别, 而非政事好坏的差异。专制政体并非没有可取之处, 共和政体也并非没有问题。中华民国所期待的共和是希望国家元首不世袭, 人民无贵贱之分, 从而展现大汉民族的宽容与仁慈, 清除前清遗留的毒素, 根据实际情况制定政策, 不追求空洞的赞美, 并非完全模仿法兰西或美利坚的治理模式。在他看来, 如果议院权力过大, 会导致因言获罪, 联邦制名存实亡, 法令执行不一, 贪污腐败现象普遍。美国的政体弊端正是如此。法国相较于美国略胜一筹, 政令执行相对统一, 但过于强调自由。中国的情况是民风轻浮, 习俗奢侈腐败, 不良言论泛滥, 在位的官员墨守成规, 缺乏改革的魄力, 即便能严格执行朝廷的政令, 也无法挽救国家走向衰亡的命运。因此, 中国应当选择第三种政体，即共和民主的道路。创办《大共和日报》的目的，正是为了畅言共和民主的理念。①

从这一立场出发，《大共和日报》连续发表了《论吾国应确定共和之理由及其主义》《论释共和》《共和之深入人心》等系列文章，热情地颂扬了资产阶级民主共和制。与此同时，对于那些与其政治理念相悖的行为，该报也毫不留情地提出了质疑和批评。例如，针对中华民国采用阳历的决策，章太炎在1月5日和8日两次发表《宣言》，对这一变革提出了质疑，认为它并未获得民众的普遍支持。他指出，参事会的议员大多由各省都督府选出，反映的是地方都督府的意愿，而非由国民直接选举产生，因此不能真正代表全国人民的意志。基于此，章太炎认为参事会无权决定改用阳历，其作出的决定"断难尊行"。1月6日，《大共和日报》发表了一篇时评文章，对孙中山向美国定制七艘军舰、订购三万支枪的决策提出了质疑。文章问道：这究竟是一项个人购买行为，还是代表政府的采购行为呢？若为政府购买，当时孙中山尚未被选为临时大总统，且正流亡于海外。若为个人购置，军舰与枪支的费用应由谁来承担偿还责任？3月4日，南京政府内务部发布通告，声明清朝时期所用的报律，自辛亥革命以来，未经民国政府明确宣布继续有效，因此已无法律效力。民国的报律尚未编订颁布，特详细制定暂行报律三章，望报界同仁共同遵守。7日，《大共和日报》刊发《却

---

① 《章太炎全集》（第10卷），第396—397页。

还内务部所定报律议》，指责内务部越职，擅定报律是侵犯立法大权，属于违法。民主国本无报律，今民国刚成立，杀人行劫诸事皆未继续前清法令，声明有效，而独指定报律，"岂欲蹈恶政府之覆辙乎"？①3月26日刊发《否认临时约法》，表示不承认参议院制定的《临时约法》："国民为共和国主人，有主权者；参议员为都督府差官，无主权者。故国民对于参议院之《临时约法》有不承认之权。"②都是站在共和的立场，抨击南京政府的决定没有经过国民公选的议会的讨论。

1912年3月1日，中华民国联合会宣布改组为统一党。通告中提到：南北统一，国家安定，共和政府成立，面临的挑战比以往任何时候都要严峻。国家的建设需要一个强有力政府的规划；而有效的监督则依赖于有知识的公民。只有汇聚天下智慧与勇气，聚集各方精英，我们才能确保统一不被分裂，团结不被瓦解。根据章程，中华民国联合会经过参议会的广泛讨论，一致同意采用新名称——统一党。次日，中华民国联合会举行了改组大会，选举章炳麟、张謇、程德全、熊希龄、宋教仁为理事，汤寿潜、唐文治、蒋尊簋、唐绍仪、汤化龙、庄蕴宽、赵凤昌、应德闳、叶景葵、王清穆、温宗尧、邓实等人为参事，陈则民、赵洪藻、陈毓楠、宗熊述、汪德渊、刘慎眙、章驾时、邓起枢、周应熙、纪文翰、田骏丰等为评议员。章太炎被推选

①《章太炎全集》（第10卷），第416页。
②《章太炎全集》（第10卷），第419页。

为总理。大会还通过了统一党的十一条政纲：

一、团结全国领土，规范行政区域；二、完善责任内阁制度；三、促进民族融合，统一文化；四、注重民生，采纳社会政策；五、整顿财政，均衡人民负担；六、改革金融体系，发展国民经济；七、整理军事力量，推广征兵制度；八、普及义务教育，振兴专门学术；九、迅速建设铁路干线，便利全国交通；十、积极推行移民开垦；十一、维护国际和平，保全国家权利。

章太炎在会上报告开会宗旨与联合会成立以来之历史及改党的理由：

本党前此名联合会者，因各省独立，恐形势涣散，不能统一，故设立此会，但尚未宣布政纲。数月以来，政府未成真正政府，故本会亦鲜大事可记。而对于建都、借债各问题，或明电力争，或暗中阻止，对于时病，盖已多所挽回。现在沪、宁两处，俱有政团发生，除社会党外，如民社、国民协会、共和统一会、国民共进会等，宗旨大约相同，本可合而二为一。即仆亦甚望其并合。无如事实上微有阻碍，故一时不能即合，然将来必可联合也。

本会本部会员，现已达七百余人，南方各省，大抵皆已设支部，北方亦可渐次扩充。当此区夏廓清，真正政府，必当出现，故应此时期改名为统一党。至本党宗旨，不取急躁，不重保守，惟以稳健为第一要义。外人亦有谓政纲宜独树一帜，使他人不能相同者，此乃不合时宜之语。盖政纲之为物，原取适用于国家，非如制造商品，以争奇制胜为能。又统一二字，若当国势巩固之后，本无庸说，现在则不得不有所需求。以中国此时南北尚未和合，外藩尚未亲附，政权、兵权尚未集中，故宜标示此义。而国力未厚，有智者对于政事，自宜小心谨慎，多所顾瞻，不能一往偏激。故诸团体之政见，自不能与本党特殊，本党亦不必与他党之政见立异。①

4月8日，在统一党南通县分部的成立大会上，章太炎详细阐述了他的政党理念以及统一党的使命：自民国成立以来，政府的辅助力量不可或缺。学会研究学理。政党负责将政见付诸实践，选拔合适的议员。辛亥革命之前，同盟会以革命为宗旨，并非传统意义上的政党。辛亥革命之后，同盟会逐渐转型为政党，其核心关注点转向了民权。相比之下，统一党更注重国权。当前，国家的根基尚未牢固，外部势力正虎视眈眈，因此必须先强化国权，然后才能进一步重视民权。扩展国权的首要任务是监督政府，确保其不会丧失国家利益；其次是辅助政府，帮助其巩固权力。统一党与同盟会及康有为领导的保皇党之间的主要区别在于，统一党出五位理事组成，以政纲为核心，而非以个人为中心；而同盟会和保皇党往往以会长为中心，容易形

①《章太炎全集》（第14卷），第165—166页。

成"会长专制"的局面。

显而易见，统一党与中华民国联合会之间存在着逻辑上的递进关系。中华民国联合会致力于推动中国临时政府的建立，扮演了"监督补助"的角色；而统一党则是在中华民国政府成立之后，承担起监督政府、辅助政府、维护国家权力、巩固国家基础的职责。

统一党是辛亥革命后各派势力分化与重组的产物，它成为后来共和、进步等党的先驱。该党由同盟会会员和预备立宪公会会员两股力量组成，地域上主要集中在江浙地区；从成员背景来看，多为旧官僚，在南京临时政府中，其地位仅次于同盟会。在政治立场上，统一党保持相对中立，但其内部的旧官僚倾向于支持袁世凯，因此党内的关系错综复杂。

1912年4月24日，统一党、民社、国民协进会、民国公会以及国民党等五个政治团体召开会议，决定合并成立共和党。该党的宗旨包含三项核心原则：首先，致力于维护国家的统一，并采纳国家主义的理念；其次，利用国家的力量促进国民的进步；最后，顺应国际潮流，建立一个以和平与实际利益为基础的国家。5月6日公布的党规草案指出：任何认同党义、具备公民资格的个人，经由两名党员推荐，并得到理事长及理事的批准后，即可成为党员，并需缴纳1元党费；总部党员每年需缴纳6元的年费，各支部和分部可依据实际情况调整费用，特别捐款则不设上限。党员若为政府官员或国会议员，年薪在2000元以上者需缴纳1%的所得，5000元以上者则缴纳2%。

5月9日，共和党在上海张园举行了成立大会，吸引了超过一千名参与者。大会一致推选张謇担任临时主席，并正式通过了《共和党规约》以及支部、分部的相关条例。在选举中，黎元洪被选为理事长，张謇、章太炎、伍廷芳、那彦图被选为理事，林长民、黄云鹏、孟森、叶景葵、唐文治、童世琦、邓实、汪德渊、刘成禺、张伯烈等54人被选为干事。大会决定暂时将上海设为临时本部，并宣布所有先前存在的政团名称将被取消，今后统一以共和党自称。

然而，共和党的这一做法遭到了章太炎的强烈反对。他立即向上海发出了电报，取消了孟森、黄云鹏作为统一党代表参加共和党成立大会的资格，并公开表示不接受合并的条件。随后，统一党在云南、贵州、四川、江西等省份的支部也向北京总部发出了反对合并的电报。章太炎所撰《宣布统一党不能合并之理由》称：各团体需求繁多，统一党始终顾全大局，尽力迁就。各团体再次就党魁问题喋喋不休，意见分歧。因此，共和建设讨论会、国民共进会相继罢议，统一党的职员和党员担心政治合并可能转变为人事合并，未来的发展将面临许多障碍。统一党代表所为，是侵权。因此，在本部北迁之后，取消先前委托的代表，另由本部重新进行磋商。然而，各团体又无端提出了基本干事的概念，本部与国民协进会、民社在京职员举行会议，共同向上海发出电报，声明各团体理事愿意等待在北京召开的大会，选举基本干事，暂时作为临时干事，待合并后再做具体规定。同时，统一党提出了四个条件：上海所举理事，应由北京召开成立大会予以认可；合并后，将立即取消基本干事职位，并另行组织新的机构。新机构的组织方式将采取公选与理事选派相结合的方式，半由公选，半由理事选派。合并前各团体所负之债务，不得转嫁给新团体，而若现金有余，则应归新团体所有。各团体机关报均归新团体管辖。

6月6日，章太炎发表《再论统一党合并条件》，对上述四个条件进行了修正和补充。

章太炎对统一党的做法，被视为操控党务、独揽大权，引起了统一党内成员的不满。1912年下半年，统一党进行了改组，机关总部由北京迁移到上海，章太炎的权力被削弱。

自辛亥革命爆发后归国，章太炎以其实际行动贯彻了他对革命的理解，并努力构建他心目中的理想中华民国。然而，正如姜义华先生所指出的，章太炎在这个时期实际上陷入了"民国初创的政治旋涡"。由于他在革命党人中的地位以及长期积累的声望，尤其是在江浙地区广泛的社会影响力，他一回国便被卷入了这些矛盾的中心，难以自拔。环境的变迁、地位的转变以及他过度自信的性格，导致他高估了自己处理实际政务的能力。①

深陷"民国初创的政治旋涡"的章太炎，与孙中山等革命党人的分歧日益加剧。随着光复会副会长、浙江都督府参议陶

---

①更多信息可参阅姜义华：《章太炎思想研究》，中国人民大学出版社，2009年版第8章的相关内容。

成章在上海遭到暗杀身亡，章太炎的政治立场转向支持袁世凯。

陶成章（1878—1912），字焕卿，号陶耳山人，浙江绍兴人。1900年义和团运动爆发后，他两次前往北京企图刺杀慈禧太后。1904年10月，他与蔡元培、龚宝铨等人在上海发起成立了反清革命团体"光复会"，推举蔡元培为会长，陶成章则负责联络会党。该团体成员主要来自江浙地区，章太炎也是其中一员。1906年，陶成章在东京加入同盟会，并担任同盟会机关刊物《民报》的编辑，与章太炎并肩作战。1910年，他与章太炎等人重新组建了光复会，担任副会长。1911年，武昌起义爆发后，他参与了光复上海、南京、杭州的活动，并担任浙江省临时参议会议长。1912年1月14日，陶成章在上海遭到暗杀。

陶成章的被刺，令革命党人极度愤慨。孙中山得知消息后，立即发出通电，要求捉拿凶手并予以严惩。章太炎也备受打击，他坚信陶成章的死是同盟会的人干的，这导致他对孙中山、黄兴等人的信任度进一步下降。在随后的几次公开活动中，只要有同盟会的成员出现，他便毫不留情地进行抨击。不久之后，光复会成员许雪秋、陈云生、梁金鳌遭到广东都督陈炯明的杀害，这让他感到更加不安。他致信孙中山，期望孙中山能够出面干预，但陈炯明对孙中山的干预置若罔闻。为了缓解与章太炎之间的紧张关系，孙中山于1912年2月任命章太炎为总统府枢密顾问，但章太炎婉拒了这一职位。随后，在多个公共场合，章太炎发表言论攻击孙中山和他领导的同盟会。同年1月，由于军费短缺，孙中山派遣代表向盛宣怀寻求资金支持，盛宣怀以汉冶萍公司作为抵押，向日本正金银行申请了贷款。这一消息一经公布，便引发了广泛的争议。2月9日，章太炎在《大共和日报》上发表文章，批评孙中山："大冶之铁、萍乡之煤，为中国第一矿产，坐付他人，何以立国？公司虽由以执事之盛名，而令后来者指瑕诋隙，一朝蹉跌，自处何地？"[1]2月13日，孙中山向临时参议院递交辞呈，辞去临时大总统职务，并推荐袁世凯接任。为了对袁世凯施加限制，孙中山在辞呈中提出了三项条件，其中第一项是要求临时政府的所在地设于南京，这一点是经过各省代表商议决定的，不得更改。袁世凯不愿意离开其经营多年的北京，便想方设法收买和利诱南京临时议员成员。章太炎最初提议将武昌设为首都，南京作为陪都。2月14日，南京临时参议会举行会议，其中20票倾向于将首都设在北京，5票支持南京，2票支持武昌，1票支持天津。随后在2月15日，孙中山依法将此议题提交参议院复议，最终结果为19票支持南京，6票支持北京，2票支持武昌。章太炎以中华民国联合会的名义，向南京参议会发出电报，反对2月15日的复议决定，并坚持首都应定在北京。与此同时，黄兴向袁世凯发出《致袁世凯请南来就总统职》，章太炎则发表《驳黄兴主张南都电》，公开支持袁世凯在北京建都。

　　同月，章太炎发表了《敬告对待间谍者》和《参议员论》，为袁世凯定都北京的决策进行辩护。他还向袁世凯发送电报，

---

[1]汤志钧编：《章太炎年谱长编（增订本）》，中华书局2013年版，第223页。

就官制改革进行商讨，建议设立总理职位，以及在各部总长、次长之下设立参事厅负责讨论，设立佥事厅负责执行；主张对外官制进行改革，废除省制保留道制，废除府制保留县制，使县隶属于道，道隶属于部。同时，各省督抚、都督等职位应改为军官职位，直接隶属于陆军部。参议院的成员由国会推举产生，不得由行政长官指定。3月之后，章太炎多次发表文章或发送电报，公开支持袁世凯。在《致袁世凯论治术书》中，他希望袁世凯能够励精图治，奖赏有功之臣，稳固边疆，安抚南方，使中华大地稳如泰山，恢复大国地位。在《致张继于右任书》中，他批评张继等人以"帝制复兴为虑"，"言保皇立宪诸党"不可信。

章太炎对同盟会的批评以及对袁世凯的支持，在客观上与袁世凯的政治利益相吻合。为了争取章太炎的支持，袁世凯于1912年4月9日任命他为总统府高等顾问。章太炎在政治完全站在了袁世凯一边。

然而，章太炎与袁世凯的立场毕竟不同。章太炎对袁世凯的支持，是出于借助袁世凯的力量去实现他的"统一全国建设，强化中央政府，推动完善共和政治"的愿景，而袁世凯则意图利用章太炎的影响力，巩固自己的权力基础，以期实现其复辟帝制的野心。袁世凯是一位老练而狡猾的政治家，章太炎则是一位纯粹的学者。

1912年的冬季，章太炎被袁世凯委任为东三省筹边使。所谓的"筹边使"，是北洋政府时期设立的一个职位，隶属于陆军部，其性质与巡阅使相似，负责管理两个或两个以上的省份。东三省筹边使是章太炎担任的第一任地方官职，也是他唯一一次担任此类职务。12月23日，统一党本部在北京为他举行了一场欢送会，章太炎在会上阐述了他前往东北的宏伟计划：本人此次赴任，首要任务是统一币政，其次是振兴矿业，再次是开展土地开垦。由此可见，他对这一职位抱有极高的期望。

1913年1月，章太炎携十余名僚属抵达东三省筹边使驻地长春。在长春各界的欢迎会上，章太炎热情洋溢地发表了他的施政纲领：

> 今日为鄙人与东三省民党聚会之第一日，较之政界聚会，尤为兴高采烈。
>
> 自中国观东三省，三省为中国领土；自外国观东三省，三省已非中国领土。鄙人此次来东，对于三省亟谋补救，默揣海外华侨，因三省危险，未必冒险输资，但英、美、德、法诸国，亦不愿入日、俄范围，阻其商务发达，则救国亦非无策。以鄙人观之，物必自腐而后虫生，徒恨日、俄无益也。三省祸根在于官吏之腐败。北方未曾改革，三省官吏均前清所遗留，自设行省以来，三省民气较之将军时代虽似稍伸，然对于一般官吏，尚未尽监督之职。今日鄙人到东，以提倡民气、监督官吏、保全东三省领土主权为务，至见诸实行，本非一人所能任，仍在三省人民同心协力，好自为之。

　　鄙人所重，本在实业一途，而发达实业，首在清理财政，次在便利交通。若二者未成，而言实业，正是倒行逆施，无济于事。

　　紧接着，他委托他人绘制了黑龙江省地图，并撰写了《东省实业计划书》，提出了一个详尽的东北开发计划：计划设立东三省银行，铸造金币，开发金矿；疏浚松花江和辽河，以促进航运的畅通。2月1日的《大共和国日报》报道了章太炎在东北的活动情况：

　　一，拟独自组织《筹边日报》，自任主笔，聘请前警察局总务科员赵述之为经理。二，拟组织一筹边研究会，以共和、国民、统一三党并群进会之部员、职员为会员，定期研究。三，派员调查东南东北各路，并令旅东实业团代表偕同调查委员前赴边要查勘垦矿，为办实业做准备。

　　然而，章太炎的筹边工作并未能顺利推进。1913年3月20日，他的挚友、国民党代理理事长宋教仁在上海遭到暗杀。

　　宋教仁（1882—1913），字得尊，号遁初，亦作钝初、遯初、敦初，别号渔父等，湖南省常德人。1904年，他与黄兴、陈天华等人在长沙共同组织了华兴会，并担任副会长。起义失败后，他流亡至日本。1905年，宋教仁在日本加入同盟会，并任《民报》撰述。1912年，随着中华民国的成立，他被任命为法制院院长。同年 8 月，中国同盟会改组为国民党，宋教仁当选为理事。之后，他代理理事长，四处演讲，积极为国民党争取政治席位。1913 年 2 月，第一次国会选举即将结束，国民党取得了压倒性优势，宋教仁成为内阁总理的热门人选。3 月 20 日，他在上海火车站遭遇暗杀。

宋教仁遭暗杀，全国为之震惊，舆论哗然。国民党成员一致认为袁世凯是此事件的幕后操纵者。在"宋案"发生后，孙中山从日本返回上海，主张立即采取"武力讨袁"的策略，发起第二次革命。章太炎对宋教仁的遇害同样感到极度愤慨。3 月 24 日，章太炎向上海《神州日报》记者汪得渊发出电报，敦促其深入调查并揭露真相。同时，他又致电《大共和日报》，指出"宋案"可能由奸臣策划，要求严格监督，不容敷衍。4 月，章太炎以处理事务为由南下。4 月 17 日，在国民党上海交通部的欢迎会上，章太炎矛头直指袁世凯政府："自宋案发生，据中外喧传，群知主名之所在。"对于孙中山和黄兴提出的"稳健"解决方式，章太炎坦率表示怀疑：我担心做不到。试问，杀人凶手能否被带到法庭接受审判？试问中山、克强，能否劝止全国的国民党成员及民众不追究宋案凶手？不反对政府？如果做不到，那么这个问题就不仅仅是法律问题，而应该提升到政治层面解决，即"以政治解决为妥善，法律解决相提并进"。

章太炎所提出的"政治解决"，主要是针对袁世凯政府的。在宋教仁遇刺事件之后，他对袁世凯政府的态度发生了显著转变。章太炎认为，袁世凯政府深受腐败和专制的顽疾影响，其危害远超南方革命派的"激烈病"。他强调，若放任腐败和专制的恶疾持续存在于中央政府，那么民国共和的理想终将化为泡影。革命党在建设民国的问题上，应当采取积极进取的策略，遵循文明的进程，迅速摧毁专制的根基，坚决捍卫共和的原则，只有这样，建设工作才能真正开始。要对政府进行彻底改造，对政治进行根本改良。①

6月8日，章太炎在国民党上海交通部举办的茶话会上发表了演说，进一步系统地阐述了他的观点：

在南北统一时，深恐革命派以从前急进主义，演种种激烈手段，或妨害国势之进步，曾随时自加监督，忠告民党同志。而一年以来，从各方面观察，又将民国人物一一比较，觉吾民党，终算是有良心的，自始至终，尚不违背"国利民福"四字。所最堪叹息者：（一）民党当日不应退步，遗留腐败官僚之根株；（二）民党不应互相猜忌，争先利用不良政府，使彼得乘机利用政党，此民党失败之总因。今日追悔，亦属无益。就民党一方面说，惟有化除意见，联合各省起义同志为一气，合力监督政府，终有政治改良之一日。惟现在国法公理，扫地以尽，民国欲不亡，恐不可得。政府党日日言某省独立，某省独立。又方与俄人定约，断送外蒙。夫中国革命，本由各省独立始，推倒满清，

———————————
①参见《章太炎全集》（第14卷），第187—188页。

改建民国，据兄弟看来，即各省独立，仍是吾民国之领土。政府甘心误国，领土让与外人，即永久不能收回。由是言之，政府误国之罪，较各省独立之罪加十倍、百倍。且政府养兵，不用以对外，而专用以对内。昔日袁氏以清军烧抢汉阳，今日袁军又欲借故烧抢九江。窥其用意，宁以民国赠与朋友，不愿以民国交与家人，共和前途，实无希望可言。最近发生改组短期内阁问题，国民党恐人材不敷用，进步党亦恐人材不敷用。若互相让步，互相牵制，最终必是纯粹的袁派官僚组织内阁，厉行专制，国民党不适于生存，恐进步党亦不适于生存。昔日为民权激战时期，今日为民党与官僚激战时期。一进一退，均关系共和之真伪。但吾民党，当日以数十同志渐增加至数百数千，卒能推翻专制，改造共和。今日民党已达十万众，果能始终一致，猛进不衰，则种族问题既解决，政治问题终必解决，最后五分钟之进行，尚望吾民党注意。①

演讲中提到的"政府"特指袁世凯领导的政府。所谓"与俄人定约，断送外蒙"，指的是袁世凯执政期间，中国与俄国就外蒙古问题进行的谈判。1911年辛亥革命爆发后，外蒙古的王公贵族便萌生了脱离中国的念头。1911年12月16日，"大蒙古国"宣布成立。1912年11月3日，沙俄不顾中国政府不承认外

---

① 《章太炎全集》（第14卷），第191—192页。

蒙独立的严正声明，强迫外蒙傀儡政府签订了《俄蒙协约》。

章太炎在演讲中总结了辛亥革命以来的经验和教训，并明确表示自己已经彻底看透了袁世凯政府的真实面目。他表达了与国民党人消除分歧、共同应对"政治问题"的意愿，以期实现其"完美共和政治"的理想。当日，《民立报》在报道中使用了"革命先觉，开国伟人"来形容章太炎，这似乎预示着双方关系的缓和。宋教仁遇刺事件后，章太炎与国民党人再次携手合作。

但章太炎提出的"政治解决"策略，也就是先前讨论的"改造政府，改良政治"，旨在通过揭露袁世凯统治的种种弊端和罪行，利用正式大总统选举的时机，迫使袁世凯退出竞选。这与孙中山主张的武力讨伐有着根本的不同。1913年5月，章太炎在国民党湖北支部的演讲中阐述了"救亡要策"包含的三个要点：首先，无须专门攻击临时政府，即不针对袁世凯政府进行攻击，因为袁世凯政府的违法行为已经使其失去民心，避免因攻击而加剧双方的冲突。其次，急需选出正式的总统。他倾向于黎元洪成为正式总统。最后，提议成立"起义同志共络会"，以团结有节操和正义感的人士，共同应对当前的困难。

1913年7月12日，李烈钧在江西发起反对袁世凯的武装起义，"二次革命"爆发。紧接着在7月15日，南京宣布独立。7月16日，章太炎发表《宣言书》，将责任归咎于梁士诒、陈宧、段芝贵、赵秉钧这四位官员，称他们为"四凶"。同一天，他还致电黎元洪，期望黎元洪能够出面领导、统一各方力量，清除祸害，以避免国家陷入分崩离析的灾难。

"二次革命"因国民党内部思想分歧及指挥不统一等因素而告终，袁世凯随后公开下令追捕革命党成员，孙中山等人再次流亡至海外。袁世凯以商讨党务为由，电邀章太炎前往京城。这一次，章太炎不愿再次流亡海外，加之对袁世凯抱有幻想，因此决意进京。他在写给李伯中的信中说："余念袁氏网罗周布，无所逃死，中国已光复，而犹亡命，所不为也。会共和党人急电促余入都，称国民、共和二党惩于旧衅，欲复合。余念京师、上海皆不能避袁氏凶焰，八月，冒危入京师。"①

---

① 《章太炎全集》（第13卷），第623页。

1913 年 8 月 11 日，章太炎抵达北京，入驻化石桥共和党本部。令章太炎没有想到的是，他一入京就被袁世凯派人监视了，而且这一软禁，就是三年。这在当时是一件引起轰动的大事件，受到了社会各界的广泛关注。《民立报》于 8 月 18 日的报道中记载：

> 袁、赵、梁、陈忌章太炎甚深，除派四巡警出入监视外，又授意御用党报百端污蔑。昨某某数报载章屡次托人向袁疏通无效，现匿居共和党本部不复出，非极熟人不见，窘迫可怜云云。又捏载章致袁书，谓并未与叛徒往来。该报等之意，盖欲形容章之进退失据，以毁其名。然观该报等前日曾载章在共和党演说，措词激烈云云，则可知章到京后，态度明了，必无摇尾乞怜之事，而该报等有意造谣，

自相矛盾，实不值识者一笑。①

8月20日，章太炎在致李伯中的信中写道："京邑崎岖，道路以目。仆处化石桥，当涂亦令宪兵保护，其意可知。"②意思是他在北京受到了宪兵的"保护"，失去了人身自由。此后，在与朋友和家人的通信中，章太炎多次提及了自己被软禁的状况。例如，在9月2日的家信中提到："不佞虽在风尘，周身之防亦密，比惟日览《文始》，聊以解忧。"在9月14日的家书中提到：目前警戒依然严密，任何政治评论均不得发表。在9月23日的家书中提到：心绪纷乱，迫切渴望归家，然而卫兵把守，戒严尚未解除，一旦外出，便等同于自寻死路。处于困境中的章太炎甚至曾经考虑过自杀："辗转思之，唯有自杀。"《癸丙之间言行轶录》记载了章太炎在北京期间"隐居"的一段生活：

> 某日，应黎坤甫君（宗岳）晚谶，乘马车出门，宪兵跃登车，前后夹卫之。初未注意，谶毕回寓，夹卫如故。先生疑，询慈及张亚农，未便实告。次日，再询鄂人胡培德，胡笑曰："此为袁世凯派来保护者。"先生乃大怒，操杖逐之，宪兵逃。先生谓慈曰："袁狗被吾逐去矣。"慈应曰："诺。"宪兵既被逐，易便服来，与宗慈、亚农谈判

---

① 转引自汤志钧编：《章太炎年谱长编（增订本）》，中华书局2013年版，第258页。

② 《章太炎全集》（第12卷），第624页。

（原注"慈与亚农任党干事"）谓奉上命来，保护章先生，虽触怒，不敢怠，请易便服，居司阍室中，不能拒，但不令先生知耳。先生居党部右院斗室中，朋辈过从极少，日共谈话者为宗慈与亚农、张真吾三数人耳，上天下地，无所不谈。谈话既穷，继以狂饮，醉则怒骂，甚或于窗壁遍书"袁贼"字以泄愤，或掘树书"袁贼"，埋而焚之，大呼"袁贼烧死矣"。骂倦则作书自遣，大篆、小楷、行草，堆置案头，日若干纸，党中侪辈欲得其书者，则令购宣纸易之，派小奚一人主其事。某日，陆建章派秘书长秦某（原注"前清翰林"）来晤宗慈，谓"奉敝总长命，欲谒章先生，请先容。"询何事？则曰："敝总长奉大总统命，谓章先生居此，虑诸君供亿有乏，将有所赠。"慈入告先生，导与相见。秦入，致词毕，探怀出钞币五百元置书案。先生初默无一语，至此，遽起立持币掷秦面，张目叱曰："袁奴速去。"秦乃狼狈而逃。黎公念先生抑郁，召慈等至瀛台，商所以安慰之策，嘱询先生在京愿为何事，经费可负责，并言袁对之尚具善意，但不欲其出京及发表任何文字耳。慈等归商先生，先生表示愿组考文苑事。复黎公命。黎往商袁，年拨经费十五万元，先生开列预算，坚持非七十五万元不可。袁允经费可酌增，但不必如预算所列，设机关办事。约言之，即予以一种名义及金钱，示羁縻而已。先生最终表示，经费可以略减，但必须设机关办实事……双方谈判，终告决裂。①

上述文字，以通俗易懂的方式，描述了袁世凯囚禁章太炎的原因，以及章太炎在软禁期间的生活状况。

当然，这只是章太炎在北京隐居期间的一个片段。1914年1月3日，章太炎因在北京居住时间过长，试图乘车离开京城外出，却遭军警阻拦，引发了一场轰动一时的"大闹总统府"事件。这是章太炎一生中最具传奇色彩的事件之一。1914年1月14日的《申报》记载了这个事情的经过：

> 章太炎来京日久，日前择期出京，行至车站，将起身了，忽然被人干涉，不许其出京，并有军警数人将其带走，送回寓所。
>
> 不料，7号早上，章太炎忽然前往总统府，坚决要见总统。值班的承宣官说总统外出不在。章太炎就问值班的官员：总统为何不见我？现在会见何人？承宣官回答说在会见总理。章太炎手里拿着团扇一柄，团扇下系着大总统袁世凯颁发给他的勋章，脚穿一双破官鞋，在院子里疯言疯语，大闹不休。等到总理出来后，章太炎又大闹，问承宣官：总统现在会见谁？回答说：向瑞琨。章太炎大叫：

---

① 转引自汤志钧编：《章太炎年谱长编（增订本）》，中华书局2013年版，第261—262页。

向瑞琨一个小孩子可以见得，难道我见不得么？于是又要见总理及秘书长。承宣官回答：今天政治会议开会去了。章太炎又要见张一麐，张也去政治会议开会去了。章太炎又要见各位秘书，承宣官无可奈何，只好到处去找秘书，秘书们则你推我我推你，都不愿意见他。

该事件在当年被视为经典故事，广泛流传。1914年出版的《纪念碑》第八回甚至以《章疯子大闹总统府》作为标题。各报所报道的情况可能包含一些演绎，或有夸大其词的成分，但大致情节基本相似。1月12日，章太炎在一封家书中详细描述了事件的始末，并嘱咐其妻子切勿接受袁世凯的资助。

章太炎大闹总统府激怒了袁世凯。1月20日，章太炎被转移至龙泉寺，继续受到监禁。在龙泉寺，章太炎的处境进一步恶化。起初，吴炳湘安排了密探伪装成门房、厨师和清洁工，以阻止访客，但这些人都被章太炎驱逐。随后，袁世凯派遣了四五十名军警以示威严。据许寿裳在《章太炎传》中的记载，袁世凯曾亲自书写了八条指示，特别强调要确保章太炎的安全。这八条指示是：

一、饮食起居，费用不设上限；

二、讲学著述，不禁传抄；涉及时局的文章，不得外传，应设法销毁；

三、毁坏物品或辱骂他人，任其自由，物品毁坏后可再购，辱骂则不予追究；

四、对于进出人员，严禁挑拨离间者；

五、任何人若与彼方关系良好，且不干扰政府运作，可自由往来；

六、每日早晚派人巡视，以防不测；

七、求见者必须持有许可证；

八、保护全权，完全由陆建章负责。

陆建章是当时袁世凯总统府警卫军参谋官、右路备补军统领，后来，他担任了军政执法处处长，专门负责看管章太炎。陆建章还对人说："太炎是今之郑康成。黄巾过郑公乡，尚且避之。我奉极峰命，无论先生性情如何乖僻，必敬护之；否则并黄巾之不如了。"①据说，陆建章曾说过一句话：得太炎一篇文章，胜过十万雄兵。

章太炎在龙泉寺被软禁，心境受到了极大的影响。在1月24日的家书中，他表达了这样的感受：我在这里已经待了两个星期，不见天日，周围没有其他人，也没有任何令人开怀的谈笑，感到极度抑郁。那些对我怀恨在心的人不遗余力地排挤我，而那些声称爱我的人也表现得冷漠无情。人情如此淡薄，不如一死了之。在2月2日和21日的家书中，章太炎同样流露出极度悲观的情绪：人生到了这个地步，怎能不寻求解脱呢？如果有人能用刀剑相向，我反而会感到欣慰。他们的意图却是要束缚我，折磨我，却不让我死去，以此招致非议，这才是最令人

———————
① 许寿裳：《章太炎传》，江西教育出版社2019年版，第38页。

愤恨的。吴炳湘将我迁至龙泉寺，我身无长物，一文不名，仆人和饮食都受制于他，除了行动自由外，与被囚禁并无二致。①最终，章太炎决定以绝食来表达他的抗争决心，直至牺牲。他在5月23日的家书中写道："幽居数月，隐忧少寐，饮食仆役之费，素皆自给，不欲受人馈养，今遂不名一钱，延至六月，则槁饿而死矣。"②同日，章太炎还给女婿龚宝铨去信，表达了他逝世后的愿望——希望能安葬在刘基墓旁。

　　章太炎绝食的消息一经传出，北京城内外舆论哗然。他在北京大学执教的学生钱玄同、马裕藻、沈兼士、朱希祖等人得知消息后，不断拜访警察总监，请求撤销禁令，以便能够探望章太炎。副总统黎元洪、农商总长张謇以及总统府顾问钱恂得知消息后，也都从中斡旋。最终，袁世凯担心章太炎会饿死，下令撤销了对章太炎的监视，并指示京师警察总监吴炳湘妥善处理，确保其不会因绝食而危及生命，并承诺将从上海接来章太炎的夫人汤国梨，为他提供每月500元的津贴，用于租房和日常生活开支，给予他完全的自主权。但章太炎依然坚持绝食。最终，在同乡兼北京大学教授马叙伦的劝导下，他才开始恢复进食。1948年，马叙伦在《章太炎》一文中回顾了这一过程。

　　据马叙伦回忆，章太炎被迁居至钱粮胡同后，所有事务均

① 《章太炎全集》（第13卷），第691页。
② 《章太炎全集》（第13卷），第693—694页。

由京师警察总监吴炳湘指派人员负责，从门卫到厨师，均由警察厅的侦探担任。章太炎担心被下毒，每次用餐都选用银制的碗、筷子和勺子。这是因为《洗冤录》中提到，银器能够检测食物中是否含有毒素。来访的宾客，必须得到警察厅的许可才能接见。在章太炎的弟子中，唯独朱希祖能够自由进出。起初，马叙伦也无法随意探望章太炎，但最终警察厅了解到他与章太炎的谈话并不涉及时事，因此也准许了他自由出入。章太炎第二次绝食期间，朱希祖私下里给章太炎带去了油饼，却遭到了章太炎的严厉斥责，并将油饼丢弃。马叙伦得知章太炎绝食的消息后，便前往探望。清晨八时，他抵达章太炎的寓所，发现章太炎裹着厚重的被褥，仅以饮水和吸食纸烟为生。时值严冬，章太炎的寓所却未点燃炉火，室内寒气逼人。原来，章太炎担心袁世凯会用煤气对他下毒手，因此拒绝取暖。马叙伦整日身披大衣，未曾进食，试图以道义和情感说服章太炎。起初，章太炎不为所动，甚至引用《吕氏春秋》中的"迫生不若死"来拒绝马叙伦的劝说。马叙伦则东拉西扯，不断转换话题，直至提及理学家的言论，这才激发了章太炎的兴趣。两人谈得兴起，不知不觉已是傍晚。马叙伦见时机已到，便向章太炎提议：我已陪伴您一整天，尚未进食，先生是否愿意与我共进晚餐？出乎意料，章太炎同意了。于是，马叙伦让厨师准备了两碗鸡蛋面，自己却未尝一口。他深知章太炎饥饿，会再吃一碗。果不其然，章太炎将两碗面都吃光了。随后，马叙伦才告辞离开。①

1913 年 7 月 24 日，章太炎搬入位于钱粮胡同的新租赁住所，继续受到软禁。直至 1916 年 6 月 16 日袁世凯去世后，章太炎才得以重获自由。

章太炎被"幽禁"在北京的三年间，除了与袁世凯的斗争外，他还致力于讲学和著作。前述《癸丙之间言行轶录》所提及的"考文苑"事件，在 1913 年 11 月 22 日章太炎致袁世凯的信件中，以及《章太炎被羁北京轶事杂记》中都有所记载。黄远庸在《记太炎》一文中也有所叙述：据说章太炎提出创办考文苑，每年需要经费二十几万。王赓曾亲自前往商讨，认为二十多万的预算过于庞大。然而，章太炎坚持认为这并不算多，他还需要设立机构、聘请知名学者等。王赓则质疑国内是否有足够多的名宿来承担这项工作，他列举了几个可能胜任的人选，但发现这样的人才寥寥无几，因此认为即使七八万也足够了。但最终，这个计划还是被搁置了。共和党本部的人建议他仿照之前在东京留学生会馆时的做法，通过举办讲座和学术活动来安抚人心。太炎对此表示非常赞同。于是，他们成立了一个国学会，会址设在化石桥共和党本部。②

1913 年 12 月 10 日，章太炎在家书中说：近日讲学自娱，昨

①陈平原、杜玲玲编：《追忆章太炎（修订本）》，生活·读书·新知三联书店 2009 年版，第 21 页。

②陈平原、杜玲玲编：《追忆章太炎（修订本）》，生活·读书·新知三联书店 2009 年版，第 237 页。

日已开学，到场者约百人。在 15 日的家信中，他提到：吾今且以讲学自娱，每晚必开会两个小时。都下狐鼠成群，吾之所在，亦不敢犯。讲学之事，聊以解忧。①

关于章太炎的讲学活动，《癸丙之间言行轶录》有比较详细的记载：

穷愁抑郁既以伤生，纵酒谩骂尤非长久之计，共和党中同人开始商量允许章太炎讲学。于是成立了国学讲习所。讲室设在共和党部会议厅大楼，报名的人很多。袁世凯派来监察的人，也偷偷在听讲。讲授的科目为经学、史学、玄学、子学，每科编写讲义。讲授时，原原本本，如数家珍，贯穿经史，融合新旧，阐明义理，剖析精要，多独到创见之处。讲学时绝无政治上感情，不只是专门来听讲的学子忘记了疲劳，袁世凯派来的人也无不心服，以至于忘记来的目的。

讲学的次序是星期一到星期三讲文学科的小学，星期四讲文科的文学，星期五讲史科，星期六讲玄学。

在讲学处的墙壁上贴着一张通告：余主讲国学会，登门来学习的人不少。本会专门以开通智识，昌大国性为宗，与宗教绝对不能相混。其已入孔教会而后愿意入本会的，须先脱离孔教会，以免善恶杂糅，好坏不分。

---

① 《章太炎全集》（第 13 卷），第 685—686 页。

　　章太炎所发布的"告示"，主要针对的是康有为倡导的孔教会。辛亥革命之后，康有为及其追随者持续提倡成立孔教会，并推崇孔教为国家的正式宗教。1913年2月，康有为在《不忍》杂志上发表了《孔教会序》和《以孔子为国教配享天坛议》等文章。同年2月，陈焕章在上海创办了《孔教会杂志》，致力于推广孔教。到了6月，袁世凯颁布命令，推崇孔子，一时全国尊孔思潮复起。9月14日，章太炎在家书中表达了对将孔教定为国教的强烈反对。他指出，虽然表面上看似合理，但背后隐藏着其他意图，实际上是指袁世凯试图利用尊孔来为复辟帝制造势。12月，章太炎撰写了《驳建立孔教议》，明确表示孔子原本是学校中学生敬仰的对象，是学子们尊崇的老师，并非应被供奉在庙宇中的神灵，不应以神祇或灵鬼的方式对待。孔子在中国历史上的贡献主要体现在"制定历史、传播文献、振兴学术、消除阶级差异"等方面，他是启蒙民众、开化文明的先驱，而非宗教教主。将孔教定为国教，等同于将愚民政策合法化，这是对孔教精神的曲解。

　　在听讲的学员中，有毛子水、顾颉刚、金毓黻等来自京城高校的师生。后来成为著名历史学家的顾颉刚，在《古史辨》第一册的自序中回忆道：

　　　　初见这个通告，一时摸不着头脑，心想太炎先生既讲国学，孔教原是国学中的一部分，他为什么竟要这样的深恶痛绝？停了一刻，他演讲了：先说宗教和学问的地位的冲突，又说现在提倡孔教的人是别有用心的；又举了王闿运、廖平、康有为等今文家所发的种种怪诞不经之说，他们如何解"耶稣"为父亲复生，如何解"墨者钜子"即十字架，如何解"君子之道斯为美"为俄罗斯一变至美利坚；他们的思想如何起源于董仲舒，如何想通经致用，又如何妄造了孔子的奇迹，硬捧他做教主。我听了这话真气极了，想不到今文家竟是这类的妄人！我以前在书本里虽已晓得经学上有今古文之争，但总以为这是过去的事情，哪里知道这个问题依然活跃于当世的学术界上！我真不明白，为什么到了现在科学昌明的时代，还有这一班无聊的今文家敢出来兴妖作怪？古文家主张六经皆史，把孔子当做哲学家和史学家看待，我深信这是极合理的。我愿意随从太炎先生之风，用了看史书的眼光去认识六经，用了看哲人和学者的眼光去认识孔子。①

　　章太炎的讲学显然深刻影响到了青年顾颉刚的成长。他后来从事古史研究和古籍整理工作，开创古史辨学派，在很大程度上是受了章太炎的影响。

　　章太炎迁居至钱粮胡同后，"厂屋高明"，成为读书宴客之所，家中雇了杂役、厨子三人，而之前担任仆人的暗探也已离

---

① 陈平原、杜玲玲编：《追忆章太炎（修订本）》，生活·读书·新知三联书店2009年版，第234页。

开。章太炎的生活转而专注于耕读和交友，并成为日常。自 7 月 24 日起的家书中，他开始要求妻子或女婿邮寄家中的藏书或著述。8 月 1 日的家书记录了他购买了全史、《九通》、《通鉴》、经疏等书籍。在此期间，章太炎完成了一项重要工作，即根据《訄书》修订本，整理旧稿，增删篇目，更名为《检论》。

第三节

逶巡南北

在 1915 年 12 月，袁世凯悍然宣布登基称帝，将国号更改为中华帝国，并定年号为洪宪，计划于 1916 年 1 月 1 日举行盛大的登基仪式。袁世凯的这一倒行逆施之举遭到了来自各方的强烈反对。12 月 25 日，蔡锷与唐继尧在云南率先起义，揭开了护国战争的序幕，旨在推翻袁世凯的统治。随后，贵州、广西等省份也纷纷响应起义。在全民的声讨与反对声中，袁世凯于 1916 年 6 月 6 日病逝。被软禁长达三年的章太炎于 6 月 25 日获得释放。

重获自由的章太炎，凭借在幽居期间的所作所为，赢得了社会各界的热烈欢迎。6 月 12 日，黎元洪继任总统，随即前往章太炎的住所，以"咨询大计"。16 日，章太炎获准自由出入，沈定一、沈祖绵随即发电邀请他立即南下。浙江都督吕公望也致电北京政府，准备派遣代表北上迎接。6 月 24 日，章太炎南下之时，上海的《中华新报》特别进行了报道，称沪上的名流们计划举行欢迎会，并邀请章先生发表演讲，"借以增长知识而联情谊"。6月30日，章太炎抵达上海，浙江旅沪各界人士齐聚太古码头，热烈欢迎章太炎的到来。随后，社会各界人士纷纷举行欢迎会，章太炎也一如既往地参与了各种政治和社会活动，并持续对时局发表自己的见解。7月3日，他致电黎元洪，就广东龙济光与李烈钧之间的纷争表达了自己的观点。同日，他还致电岑春煊，针对传闻中取消军务院的计划提出了建议。7月3日，浙江国会议员们齐聚一堂，热烈欢迎章太炎，章太炎在大会上发表了一番引人深思的演说。他指出"今日中国，尤不宜有政党"。因为政党一旦形成，官僚便乘虚而入。一旦官僚介入，他们就会控制政党。这正是革命失败的关键所在。在演说中，章太炎情到深处，甚至哽咽落泪。7月13日，唐绍仪、黄兴等在上海汇中饭店为即将北上的国会议员们举行了一场盛大的欢送会，孙中山和章太炎也应邀出席。在会上，章太炎再次发表演说，强调现今帝制的残余势力尚未彻底铲除，腐败的官吏和贪婪之人充斥于朝堂之上。若不以雷霆手段加以震慑，官场的风气无法净化，政治秩序无法步入正轨。要实现这一目标，需要更多像袁世凯所称的"暴徒"那样的国民党人。15日，广东省驻沪国会议员在法租界尚贤堂举行了一场茶话会，章太炎亦在会上发表了演说。他强调，一个国家之所以能屹立于世界之林，不仅仅依靠武力，更在于其拥有立国之"元气"，即文化。文化是立国之根本。近代以来，中国之所以衰落，原因在于文化不兴盛。他告诫国民，必须力"绝运"，以培国本。23日，日本人青木在上海举办了一场欢送中国国会议员的聚会，章太炎也应邀出席。28日，孙中山设宴招待中日两国的各界人士，章太炎同样在座。8月13日，孙中山、黄兴等在上海发起了追悼癸丑年以来的烈士大会，章太炎在会上发表演说，指出讨伐袁世凯的第二次革命仅可称为"国体革命"，与辛亥革命有着相同的本质，必须解决军人干政的问题，才能取得成功。同日，他还撰写了《告癸丑以来死义诸君文》，认为只有消除了"三乱"，革命才能算是真正成功。

袁世凯去世后，北洋军阀分裂为皖系、直系、奉系三大派系，此外，还有山西的晋系、西南的滇系和桂系等。这些派系之间不断发生争斗，没有任何一方拥有压倒性的优势来主导局势，致使中国陷入了军阀割据的混战局面。1917年2月16日，正值第一次世界大战期间，当时的总理段祺瑞主张加入协约国，但总统黎元洪持反对意见，双方争执不休，最终导致段祺瑞辞职。6月14日，长江巡阅使兼安徽督军张勋带领五千名"辫子军"进入京城，支持溥仪复辟，导致国会遭到解散。12日，段祺瑞以讨逆军总司令的名义，联合冯国璋，通电讨伐张勋，攻入北京，驱逐张勋，恢复了共和政体。随后，冯国璋任总统，段祺瑞担任总理。掌握政府实权的段祺瑞，拒绝恢复中华民国国会和临时约法，转而采纳梁启超的建议，计划召集一个新的"临时参议院"，重新制定国会组织法和选举法，以选举产生新国会，并企图以武力统一南方。此举引发了南方革命派和西南军阀的强烈反对。7月4日，孙中山致电参众两院议员，呼吁他们南下护法。6日，孙中山与章太炎、朱执信、廖仲恺、陈炯明等人一同离开上海，南下发起护法运动。"共和国家，以法律为要素，法存则国存，法亡则国亡，合法者则为顺，违法者则为逆。""讨逆之举，即为护法而起。""今日救亡之策，即在护法。"最后的宗旨，即"切实结合西南各省，扫除妖孽，新组一真正共和国家"。①

1917年8月25日，孙中山在广州主持召开了"国会非常会议"（亦称"非常国会"）。9月1日，"非常国会"通过投票选举孙中山担任海陆军大元帅，西南军阀陆荣廷和唐继尧任元帅。同月10日，孙中山正式宣誓就职，章太炎被任命为大元帅府秘书长，负责起草《大元帅就职宣言》，宣言中表达了"愿与全国共击废总统者"的坚定立场。

尽管"非常国会"推选了唐继尧和陆荣廷为元帅，但两人均拒绝接受护法军政府的元帅职务。唐继尧在9月7日和8日分别向孙中山和广州的"非常国会"发送电报，婉拒了元帅的职位，这使得护法军政府陷入了尴尬的境地。10月9日，章太炎以护法军政府特使（总代表）的身份，带领5名议员和2名随员，携带元帅证书、印信及相关文件，前往云南，试图说服唐继尧接受元帅职务。据说，章太炎抵达云南时，特意制作了两面巨大的红旗，并挑选了两位年轻力壮的青年作为前导，扛着红旗前行，既是为了壮行色，也为了显示其使命的重要性，这

---

①参见《章太炎全集》（第14卷），第249—250页。

一举动一时成为美谈。①

10月21日，唐继尧为章太炎举办了盛大的欢迎仪式。在欢迎会上，章太炎表达了此行的用意："实因国家之正气在云南，救国之英雄在云南。"②他认为，国家陷入混乱的根源在于辛亥革命之后，革命党人急于求和，安于现状，试图通过统一来实现国家的稳定，结果却让政权落入了北方势力的代表袁世凯之手。南方的革命党人受到操控，心怀不满，导致彼此猜疑，破坏了团结，最终选择了退缩自保，各自为政。这种做法并非革命者应有的态度。无论南方还是北方，不论目标是否一致，都不应画地为牢！当下最紧迫的任务是川滇六省（四川、云南、贵州、广西、广东、湖北）必须团结一致，迅速采取行动，携手共进，经略中原，协助黎元洪复位，重开国会，实施临时约法，严惩那些作乱的恶徒。

11月1日，在云南三迤会馆的演讲中，章太炎深入剖析了护国运动失败的根源，并非源于"主义"上的分歧，而是袁世凯的狡猾与权谋。民国的成立，南方功不可没，而北方虽赞成共和，实则迫于形势。袁世凯掌权后，利用个人的暴力手段压制全国，首当其冲的是削弱两湖的军事力量，最终导致其称帝。段祺瑞掌权后，步袁世凯后尘，导致国家至今混乱不堪。南方是革命的发源地，革命党人日益增多，若无人从中挑拨，本可

---

① 参见汤志钧编：《章太炎年谱长编（增订本）》，中华书局2013年版，第328页。

② 《章太炎全集》（第14卷），第251页。

保持和平。北方人对革命缺乏理解，见南方革命频发，便心生恐惧，一旦掌权便挑拨离间，扰乱南方秩序。若革命成功后，政权落入南方手中，北方失去挑拨的"工具"（权力），国家或许不会如此混乱。幸运的是，护国运动失败后，尽管东南地区的革命势力受挫，但南方特别是西南地区得以保存，这既是革命之幸，也是"王气"所在。辛亥革命起源于武昌，而反对袁世凯称帝的运动则由云南发起，这与云南的文化背景密切相关。文化的影响所及，发达则强，极盛则衰。今日之中国，北方文化已过盛，东南地区文化属于极盛，而云南地处西南后起，正方兴未艾，其人民朴实直率，风俗刚强，乐于战斗，充满活力，犹如初升的朝阳，只需正确加以引导，便能引领全局，振兴中国，切不可错失良机。北方也意识到了这一点，因此段祺瑞政府对西南地区深感忧虑。南方应乘西南地区兴起之势，坚定意志，征服全国。北方之所以失去民心，是因为他们不尊重约法，不尊崇总统，不重视国会。国会代表民意，袁世凯、段祺瑞两次解散国会，南方每次都坚决反对，正邪、真假立判，我们师出有名，若他们反抗，必将失败。过去反对袁世凯的革命之所以失败，是因为计划不定，或因小怨而积大害。如果辛亥革命时，湖北不与南京争夺小利，未尝不可与袁世凯一战。1915—1916年反袁时，云南军在四川击败北方军，广西军也进入湖南，若非军务院逼迫龙济光派兵协同滇桂护国军北伐，西南局势将大为改观，夺取全国指日可待。总之，云南是西南地区的，即使出于自保，也应出兵东进，经营中原。今日云南所处的战略位置，武汉是门户，粤、桂为羽翼。未来粤、桂一旦恢复湖南，江淮秦晋奇兵并出，必将扫清旧势力，澄清天下，届时南京的遗憾、肇庆的失策，都将得到弥补。

章太炎在云南的几次演讲中充分展现了其雄辩的口才，清晰阐述了此行的目的以及劝说西南军阀东下的理由。然而，唐继尧等人对革命的理解存在差异，他们更多地关注个人的利益得失。

当时，唐继尧的总部设在昆明，麾下有两万余名士兵驻扎于四川。1916年7月，蔡锷被任命为四川督军兼省长。蔡锷因病离开四川后，滇军将领罗佩金接任督军一职，而戴戡则代理省长职务。1917年4月，罗佩金指挥的滇军与川军刘存厚部在成都爆发冲突，随后罗佩金和刘存厚均被北京政府撤职，戴戡接任四川督军。同年7月，孙中山南下倡导护法运动，唐继尧随即通电响应，并将入川滇军更名为靖国军第一军和第二军，由罗佩金担任总司令。同月，刘存厚和戴戡的部队在成都爆发巷战，戴戡战败后自杀。北洋政府随后派遣吴光新率第八师进入四川进行调查处理。这一系列事件使唐继尧犹豫不决，不敢接受元帅的任命。章太炎得知情况后，威胁唐继尧若不接受元帅任命则立即返回军政府，最终迫使唐继尧接受了元帅印信。然而，唐继尧自称为滇黔靖国联军总司令，仍不肯对外宣称自己为元帅。章太炎在11月2日发给孙中山的电报中提到，唐继尧最终"决心北伐"，并表示支持军政府。

在云南期间，唐继尧聘请章太炎担任总参谋一职，为其出谋划策。章太炎分析道：南北对峙，若未能占据湖北，便无法实现真正的力量均衡。目前，桂军正支援湖南，而荆州、襄阳地区的黎天才、石星川亦有独立之意。若您坚持要先攻占重庆、成都，再挥师东进，恐怕耗时过久，其间变数难料。加之四川民众对云南积怨已久，不可不防。最佳策略是从贵州出发，经湘西攻取辰州、沅州、常德、澧州作为立足点，北可与江陵遥相呼应。待黎、石察觉时，湘中已尽在掌握。随后与桂军合围武汉，敌军必将陷入混乱与恐慌，形势将对我方极为有利。刘存厚难道还会坚持抵抗吗？

然而，唐继尧对四川的富饶情有独钟，仍旧不愿放弃原定计划。恰巧，贵州军队从桐梓出发，意图进攻川东，而北洋政府委任的四川督军周道刚也打算攻占川南，以期将两地连成一片。周道刚麾下的旅长刘成勋前来向唐继尧报告，唐继尧随即决定出兵，章太炎对此计划也表示赞同。

11月，唐继尧丘发昆明，行至毕节时，得知川南泸县已被周道刚攻陷，滇军遭遇惨败，唐继尧随即下令撤军。恰逢桂军和湘军攻占长沙，黎、石二人投降，贵州军从綦江推进至黄角亚，距离巴中仅十余里。吴光新逃亡，重庆镇守使熊克武进驻巴中。不到一个月，泸州光复，云南局势一片大好。章太炎劝说唐继尧乘胜追击，迅速行动，但唐继尧并未采纳。与此同时，岑春煊在上海秘密联系长江三督（江苏督军冯国璋、江西督军李纯、湖北督军王占元）进行调停，这实际上是北方的缓兵之计。唐继尧起初并不相信，直到多次收到孙中山的电报后才改变看法。章太炎认为江苏督军冯国璋、江西督军李纯、湖北督军王占元等人不过是狐假虎威，并非真心支持南方，于是派遣平刚前往湘西，自己则与宇镜一同前往东川。

可以说，在这段时间里，章太炎充分履行了他作为大元帅府秘书长的职责，协助唐继尧取得了良好的开端。然而，唐继尧出征的意图与章太炎革命的目标终究存在分歧。因此，尽管章太炎不断催促唐继尧利用当前有利形势，挥师东进以图谋中原，唐继尧却始终以各种理由推诿不出。因此错失了最佳时机，使得敌军得以重新集结，最终导致湘桂军的溃败，被迫退守衡阳，丧失了七八百里的土地。

1918年1月15日，在桂系军阀等势力的操控下，西南各省护法会议在广州成立，推举岑春煊为议和总代表，伍廷芳为外交总代表，唐绍仪为财政总代表，唐继尧、程璧光、陆荣廷为军事总代表。20日，正式颁布了《中华民国护法各省联合会议条例》。西南联合会议明确其对外对内的政务执行权，包括处理共同外交事务，签订条约；监督共同财政，管理国内外公债的募集；统一军备，规划作战，决定停战和谈事宜；解决与各省的争议事件等，同时规定联合会议设立军事、财政、议和等若干参赞职位，由各总代表分别聘任，俨然形成与军政府抗衡的局面。5月4日，国会非常会议提出改组军政府的动议，意图排除孙中山，孙中山不得不辞去大元帅职务。章太炎对此批评道，这是"投降的征兆"。5月18日，国会非常会议通过了修正后的中华民国军政府大纲12条，将大元帅制改为总裁合议制，重组军政府，并选举出七位总裁，孙中山为其中之一。孙中山未就职而赴沪，护法运动宣告失败。其时，章太炎正在从万县前往利川的途中。章太炎在恩施停留了两个月，后从沅陵出发前往常德，渡过洞庭湖，抵达夏口，得知徐世昌被选为大总统后，便于10月11日返回上海。至此，章太炎的西南之行宣告结束。

在返回上海的途中，章太炎写了一首诗，表明了他当时的心情：

天道有夷险，神仙非久长。

秦皇与避世，陵谷两茫茫。

熏穴兵符峻，探丸盗迹狂。

中流作渔父，相对涕沾裳。

自1917年7月启程南下广州，9月抵达云南，直至1918年10月返回上海，章太炎的西南之旅持续了一年多，跋涉一万四千余里，其中约有三千里路程穿越了崎岖不平的山川。

护法运动的失败，对章太炎造成了沉重的打击。回到上海后，章太炎闭门谢客，不再过问国事，五十多天未曾"浪发一语"。那位曾经声名显赫，其著作广受国内外推崇的章太炎，陷入了前所未有的沉默。

12月2日，章太炎在《时报》上发表了题为《与某君言西南事》的文章，阐述了他"拒人过甚"的缘由。文章伊始，他明确表示，西南之行的初衷是期望"国事清夷、南北衡势"，然而遭遇了"二三武夫、政客之流"，现实与他的期望大相径庭。所谓"二三武夫、政客之流"，指的是他所接触的西南地区军阀及其相关官员，他们"论大法则不可言和，论人材则不可言战"。随后，太炎回顾了在西南地区的所见所闻，包括初抵云南时劝说唐继尧分兵两路，一路驻扎川南，一路驻扎湘西；以及在正月底建议唐继尧迅速商议援助湖北，规划荆州、襄阳，但这些提议均未被采纳。他指出，这并非因为兵力不足，而是因为部落主义蒙蔽了他们的远见，广西不过是想要四川，云南也不过是想要四川，打着护法的旗号，实际上是为了实现蚕食鹰攫的野心。章太炎意识到自己无法改变现状，始萌生了归意。他揭露了唐继尧首鼠两端，私下与北方军阀和解，"外人只看到他公开的电报，自诩慷慨，却不知其私下密电私议，隐藏着许多不可告人的秘密。所谓的言和不过是希求恩泽，言战不过是图谋恐吓勒索"，其行为宛如"里巷讼棍"！最终，他得出结论："西南与北方，一丘之貉！"①

护法运动的挫败，使章太炎沉寂了相当长的一段时间，然而随后兴起的联省自治运动，再次点燃了他革命的激情。

1920年7月22日，湘军总司令谭延闿以避免卷入战争为借口，号召"湘人治湘"，随后又通电全国，倡导联省自治，从而开启了联省自治的序幕。1921年，四川宣布实现四川完全自治，并驱逐了驻扎在当地的滇军。同年4月，贵州的卢涛提出

①参见《章太炎全集》（第13卷），第856—858页。

由省自治逐步过渡到联省自治的主张。1922年12月，赵恒惕颁布省宪法，宣称湖南为中华民国的自治省。同年6月，浙江的卢永祥发出通电，主张制定省宪法以实现自治，并进一步组织联省自治政府。与此同时，陕西成立了筹制省宪自治处，江西省议会召开了省宪会议，河南省议会通过了制定省宪案，张作霖在战败后退回东北，亦宣布实行自治。一时间，联省自治的理念在全国范围内广为流传。

联省自治的理念最初由梁启超提出。在1919年发表的《解放与改造》发刊词中，他详细阐述了这一政治主张。简而言之，联省自治涉及两个核心概念：首先，它主张允许各省实行自治，各省根据自身情况制定省宪（或称自治根本法），并依此建立省政府，自主管理本省事务；在省宪的框架下，既能够防止中央政府的不当干预，也能避免省际间的冲突和侵略。其次，该理念提倡各省选出代表，组成联省会议，共同制定联省宪法，以实现国家统一，即确立中国整体为联邦制结构。这一方案旨在解决南北护法运动的争端，明确划分国家权力，将军事权力集中于中央，从而消除军阀割据的问题。在那个军阀混战的年代，这无疑是一种尝试解决中国问题的途径，一些旧军阀和新兴势力也期望借此机会巩固或扩展自己的势力范围。因此，当谭延闿宣布支持联省自治后，迅速获得了政界和学界的广泛响应，章太炎是其中最为积极的响应者之一。

谭延闿的通电一经发表，章太炎便迅速抵达长沙，向当地人士宣扬联省自治的理念。10月30日，在湖南各公团的欢迎会上，章太炎阐明了此行湖南的主要目的是倡导自治，不仅限于湖南一省，而是主张包括各省在内的广泛自治。"从今以后，只宜讲联省自治，其余可作缓论。"

10月24日，广东军政府的领导人岑春煊和陆廷荣宣布解散军政府，并随后撤离广州。11月1日，占领广州的粤军总司令陈炯明通电否认取消军政府，南方各省的军阀也纷纷发表声明支持。紧接着，谭延闿发出电报，不承认取消军政府的决定，并宣布湖南省将实行自治，不受任何外部势力的干预。11月9日，章太炎发表了《联省自治虚置政府议》，详细阐述了他对"联省自治"理念的深刻理解。

章太炎指出，自民国成立以来，九年之内发生了三次大的动乱。湖南、云南、贵州等省份之所以能够"光复旧壤"并"自固疆圉"，主要得益于自治的实施。他强调，"敬恭桑梓，无滋他族"是人心所向，也是大势所趋。建议从今往后，各省应独立自主，自行制定省宪法。文武官员以及地方军队应由本省人担任；从县知事到省长，都应由人民直接选举产生；督军则由营长以上级别的军官共同推选。省长驻扎省城，督军则驻守在战略要塞，实现军政分离，以防止巡阅使或联军总司令形成地方割据的局面。

关于中央政府与地方政府之间的关系，章太炎提出了虚置中央政府的构想。他指出，近代中国所经历的诸多动荡，很大程度上源于中央政府权力过于集中，导致总统与总理之间的权力斗争，最终演变为军阀割据的局面，给国家和人民带来了深重的灾难。章太炎主张，中央政府应仅保留颁发勋章和授予军官等象征性权力，而将国家的军政大权下放至各省，确保中央不拥有任何军事力量。外交条约的签署需由相关省份的督军和省长共同签署方为有效。货币和银行事务则由各省委托中央进行监督、审核和发行。尽管政府机构仍然存在，但其职能被大大削弱，可以避免权力争夺的发生。章太炎还提议，各省应联合自治，并各自派遣一名参事作为监察，以监督中央政府，同时认为没有必要设立国会。通过这种方式，可以有效消除内部的不稳定因素。至于外部威胁，章太炎认为，当时的外患主要源于中央政府利用外交权进行路矿等资源的交易，如北洋政府乃至前清政府通过出让公路、铁路权和矿产开采权来换取外国势力的支持。他认为，路矿资源属于各省所有，而中央政府之所以能够进行此类交易，是因为它与人民之间存在距离，中央在密谋交易时，人民往往并不知情；等到人民发现时，交易已经完成，木已成舟。如果实行各省自治，路矿资源的控制权归于各省，那么各省的督军和省长由于与人民更为接近，如有阴谋，人民可以及时察觉。简而言之，将外交权下放至各省，可以有效阻止中央政府私自进行路矿资源的交易。

11月，广东军政府召集了联省自治会议，会议决议中有在国宪尚未完成之前，由政府先行任命军民官员的内容，并将此决定发往各省征求意见。章太炎得知消息，向熊克武等人发送电报，强调在联省自治体制下，各省的军民官员应由地方军民共同推选，无需中央政府的任命。广东联省自治会的做法"仍是独裁"。①

　　1922年6月，章太炎在《申报》上发表了《改革法治之新主张》，将改革的矛头直指当时的《约法》、国会、元首制度。他指出，《约法》偏于集中权力，国会倾向于形成势力集团，而元首制度等同于帝王制，这三个因素是导致战争的主要原因。自辛亥革命以来的所有战争，都与这三者紧密相关。章太炎将这三者称为"三蠹"，并写了《弭乱在去蠹说》，认为掌握这三者的，无非是三种人物：枭鸷、狂妄、仁柔。"枭鸷者处之，则有威福自专之患，而联邦可能或为所破；仁柔者处之，则有将相上逼之虑，而联邦不为分忧；狂妄者处之，势稍强则可与枭鸷者同，势稍弱则又与仁柔者同。"不消除"三蠹"，中国将无一日安宁。②在联省自治之后，国家实行联邦制，明确中央政府职能，采用合议制，由多位委员共同执行，委员人数众多，自然减少了权力的集中；权力分散，枭鸷者无法独断专行；集思广益，狂妄者无法任意发言，仁柔者也不会感到无助。因此，在选举时，竞争不会过于激烈；在处理紧急情况时，也不会突然爆发混乱。③同月，章太炎还撰写了《各省自治共保全国领土说》，他痛心疾首地指出：当前最令人痛心的，莫过于中央集权，借款卖国，驻防贪污横行，搜刮民脂民膏。除非各省实行自治，否则必将陷入万劫不复的境地。这一策略旨在内保土著

----

①参见汤志钧编：《章太炎年谱长编（增订本）》，中华书局2013年版，第351页。

②参见《章太炎全集》（第11卷），第593—598页。

③参见《章太炎全集》（第11卷），第598页。

人民，外保全国领土。保护人民并不会损害统一，维护领土反而有助于维持统一。那些野心勃勃，意图侵略的人，若将此视为分裂国家之举，是何居心？难道他们宁愿将权力交给敌人，也不愿与国人共享吗？①这三篇文章作为前述联省自治理论的补充，旨在强化其联省自治的终极目标是保护国家和民族，而非分裂国家。这也是章太炎一贯坚持的政治理念。

1921年4月，赵恒惕成为湖南省临时省长，倡导以县为自治单位的联省自治制度。为了巩固其统治，赵恒惕决定举办首届县长选拔考试，以示选拔过程的公开透明，并邀请了革命元老及国学大师章太炎担任考官。此举彰显了章太炎对联省自治理念的热忱。

章太炎的联省自治理念源于他对"联邦制"的理解，这不仅延续了他建立共和制的革命理想，也是他对辛亥革命后革命实践的深刻反思。袁世凯篡夺革命成果，复辟帝制的行为自不待言，而护法运动期间的种种现象，更是让他感到沮丧。1918年9月，章太炎尚在西南地区时，段祺瑞操控"安福国会"选举徐世昌为总统，冯国璋被迫下台。徐世昌就任总统后，为寻求南北和解，宣布停战，并于次年召集国会。同时，徐世昌还试图说服张勋解除武装，恢复共和，并承诺保障其个人安全，他还努力为溥仪减轻罪责，以维护清朝皇室的存续。这可能是1918年10月，章太炎得知唐绍仪支持徐世昌时，表示"心甚恶

①参见《章太炎全集》（第11卷），第600页。

之"的原因。当然，章太炎对徐世昌一直持有负面看法，他始终认为徐世昌是导致黎元洪与段祺瑞之间"府院之争"的罪魁祸首，称选举徐世昌为大总统的国会为"伪国会"，并认为"伪国会"推选徐世昌是"颠倒黑白"。回到上海后，他愤而闭门不出，不愿见人，这也是原因之一。在随后的多个公开场合，他都表达了对徐世昌的强烈厌恶和批评。

显然，章太炎所积极倡导的联省自治运动，并未按照他的理念发展。他逐渐脱离了革命的核心舞台，面对复杂多变的政治局势，章太炎"与民众渐行渐远，逐渐陷入颓废"。

第四章

岿然儒宗——章太炎对近现代学术的贡献

自护法运动失败后，章太炎逐渐退出了革命的前沿。1920年开始的"联省自治"运动，可以看作是他为了实现革命理想所做的最后努力。他以54岁高龄，依然不辞辛劳地穿梭于湖南各地，像年轻时一样，四处发表演说，关注国家大事，思考民众生活，这正是鲁迅所称颂的"先哲的精神，后生的楷模"。1921年之后，尽管在每个中国历史上的重大事件面前，他都会站出来发声，但大体上只是表达自己对时代的关切，尽一个老革命家、老学者的责任和义务。对于时局、对于革命各派以及时代的发展，实际上已不再具有显著影响。开门讲学，整理旧作，成为他晚年的常态。正如鲁迅所言："先生遂身衣学术的华衮，粹然成为儒宗，执贽愿为弟子者甚众。"①

----

① 《章太炎全集》（第20卷），第150页。

　　章太炎在早年受教于汉学巨擘俞樾、孙诒让等，继承并发扬了顾炎武和戴震的实事求是、务求实用的学术理念。他撰写了《文始》《新方言》《小学答问》以及《国故论衡》（上卷）等著作，为中国语言文字学的发展做出了重要贡献。章太炎提出用"语言文字之学"来替代传统的"小学"称谓，这标志着小学作为经学附庸的时代的终结，同时宣告了独立的语言文字学科的诞生，对中国语言文字学的发展具有里程碑意义。胡裕树在其主编的《中国学术名著提要·语言文字卷》中评价道："章炳麟是中国传统语言学的集大成者，继承段玉裁、王念孙等以音韵通文字、训诂的研究方法，注重探究语言文字的源流变化，不为细枝末节所限，其说气象恢宏，蔚为大家。"①

---

①胡裕树主编：《中国学术名著提要·语言文字卷》，复旦大学出版社1992年版，第131页。

一、小学是"语言文字学"

"小学"一词最早见于汉代学者刘歆的《七略》。《汉书·艺文志》记载，古时候八岁入"小学"，周官保氏负责教育贵族子弟，教授他们"六书"和"九数"。"六书"包括象形、指事、会意、形声、转注和假借，象形、象事、象意、象声指的是文字形体结构，转注、假借指的是文字的使用方式。《隋书·经籍志》将"小学"分为"训诂""体势"和"音韵"三个部分。宋代学者王应麟在其著作《玉海》中，基本上沿袭了《隋书·经籍志》的分类，但对内容进行了重新界定，将其分为"体制""训诂"和"音韵"，这三个方面分别对应汉字的形状、意义和声音。清代的小学家们，特别是以段玉裁、王念孙为代表的乾嘉学派，倾向于对汉字的形状、声音和意义进行综合研究。例如，段玉裁在《广雅疏证·序》中提道：

> 小学有形，有音，有义，三者互求，举一可得其二。有古形，有今形；有古音，有今音；有古义，有今义；六者互相求，举一可得其五……圣人之制字，有义而后有音，有音而后有形。学者之考字，因形以得其音，因音以得其义。治经莫重于得义，得义莫切于得音……怀祖氏能以三者互求，以六者互求，尤能以古音得经义。

章太炎不仅继承了这一观点，而且对其进行了深入的发展。

他在《国故论衡·小学说略》中阐述道："言形体者始《说文》，言故训者始《尔雅》，言音韵者始《声类》，三者偏废，则小学失官。"①1906年，他在日本讲授语言文字之学时说道：

> 所谓小学，其义云何？曰字之形体、音声、训诂而已。《说文》所述，重在形体，其训诂惟是本义，而于引伸、假借，则在所略。然古今载籍，用本字本义者少，而用引伸、假借者多，若墨守《说文》，则非特于古籍难通，即近世常行之学，亦不得其解矣。是故引伸、假借之用，不得不求之《尔雅》《方言》诸书。虽然，凡假借者，必其声相近，凡引伸者，亦大半从其声类，渐次变迁。而古韵今韵，往往殊异。古之同声者，在今则异；古之异声者，在今则同。而今字之引伸、假借，则非自今日始，率皆沿袭古初，一成不变，以今世音韵读之，觉此字与彼字音韵绝殊，何以得相引伸，何以得相假借？是故欲知引伸、假借之源，则不得不先求音韵……以古韵读《说文》，然后知此之本字，即彼引伸、假借之字；以古韵读《尔雅》《方言》诸书，然后知此引伸、假借之字，必以彼为本字。能解此者，称为小学。若专解形体及本义者，如王筠友所作《说文释例》《说文句读》，只可称为"《说文》之学"，不得称为小学。若专解训诂，而不知假借、引伸之条例者，如李巡、孙炎

---

① 《章太炎全集》（第5卷），第7页。

之说《尔雅》，郭璞之注《尔雅》《方言》，只可称为"《尔雅》《方言》之学"，不得称为小学。若专解音声而不能应用于引伸、假借者，若郑庠之《古音辨》、顾宁人之《唐韵正》，只可称"古韵、《唐韵》之学"，不可称为小学。兼此三者，得其条贯，始于休宁戴东原氏。[①]

章太炎所推崇的"兼此三者，得其条贯"的戴东原，即戴震（1724—1777），字东原，又字慎修，号杲溪，安徽休宁人，乾嘉学派的代表性人物之一。治经力主"由字以通其词，由词以通其道"，通过音韵训诂探讨古书之义理，是清代皖派的集大成者。王念孙、段玉裁为其弟子。章太炎在上述文字里，明确强调，所谓小学，不过是字形、字音、字义的探究。通过古音来读《说文解字》，我们才能明白字的本义，以及它们如何成为其他字的引申或假借字；通过古音来读《尔雅》《方言》等书，我们才能理解这些引申或假借字的本源。能够做到这一点的人，才称得上是小学的专家。如果只专注于字形和本义的解释，只能称为《说文解字》的研究；如果只解释训诂而不了解假借和引申的规则，只能称为《尔雅》《方言》的研究；如果只研究音韵而不能将其应用于引申和假借，只能称为古韵、《唐韵》的研究；只有同时精通这三个方面，才能称为小学。章太炎的见解显然比前人更进了一步。

---

① 《章太炎全集》（第14卷），第15—16页。

受到西方语言理论的启发，章太炎对传统小学的历史演变、研究范围以及其独特性进行了深入的审视。他指出：

此语言文字之学，古称小学。盖古者八岁入小学，教之识字，其书与今《千字文》相类。周有《史籀篇》，秦有《仓颉篇》，汉有《凡将篇》《滂喜篇》《急就篇》，大抵非以四字为句，即以七字为句，取其便于诵习，故以小学为名。然自许叔重创作《说文解字》，专以字形为主，而音韵、训诂属焉。前乎此者，则有《尔雅》《小尔雅》《方言》，后乎此者，则有《释名》《广雅》，皆以训诂为主，而与字形无涉。《释名》专以声音为训，其他则否。又有李登作《声类》，韦昭、孙炎作反切，至陆法言乃有《切韵》之作，凡分二百六韵。今之《广韵》即就《切韵》增润者。此皆以音为主，而训诂属焉，其于字形略不一道。合此三种，乃成语言之字之学。此固非儿童占毕所能尽者，然犹名为小学，则以袭用古称，便于指示。其实，当名"语言文字之学"方为确切。此种学问，《汉·艺文志》附入六艺。今日言小学者，皆似以此为经学之附属品，实则小学之用，非专以通经而已。①

这段文字梳理了中国古代小学的发展脉络和研究对象，指

---

① 《章太炎全集》（第14卷），第13—14页。

出，长期以来，小学研究对象是汉字的形、音、义，这三者合起来，构成了完整的语言文字之学，称之为"语言文字之学"更加确切。古代小学附于六经之末，是经学的附庸，以解经释义为宗旨，实际上小学的用处远不止于通经。章太炎用"语言文字之学"的名称代替小学，使传统的小学脱离了经学附庸的地位，独立为一门专门的学问，标志着语言文字之学的研究进入了一个新的阶段。

二、章太炎小学研究的成就

章太炎在《菿汉微言》中回忆1908年在日本潜心研读《说文》时说："时诸生适请讲许书，余于段、桂、严、王未能满志，因翻阅大徐本十数过，一旦解悟，的然见语言文字之本原。"[1]"许书"即许慎的《说文解字》，"段、桂、严、王"分别指段玉裁、桂馥、严可均、王筠，分别撰有《说文解字注》《说文校议》《说文通训定声》《说文句读》。大徐本即宋太宗雍熙年间徐铉奉旨校定的《说文解字》，是《说文解字》最为通行的版本。章太炎在讲授《说文解字》时，对段、桂、严、王诸注疏不满意，于是便取来最为通行的徐铉校定本《说文解字》阅读。最终，"的然"发现了语言文字之本源。体现其心得的，即是这期间撰写的《小学答问》《新方言》和《文始》这三部著作。这三部作品代表了章太炎在《说文》研究领域的最高成就，

---

[1]《章太炎全集》（第7卷），第69页。

并集中体现了他的汉语言文字学思想。

关于写作这三部书的动机，章太炎说："余以寡昧，属兹衰乱，悼古义之沦丧，愍民言之未理，故作《文始》以明语原，次《小学答问》以见本字，述《新方言》以一萌俗。"[1]就写作目的而言，写《文始》是阐明语言的起源，写《小学答问》是揭示本源文字，写《新方言》则是以统一方言。在这三部书中，《新方言》最早完成，而《文始》的影响最为深远。章太炎在《自述学术次第》中表示："中年以后，著纂渐成，虽兼综故籍，得诸精思者多，精要之言，不过四十万字。而皆持之有故，言之成理，不好与儒先立异，亦不欲为苟同。"[2]由此可见，他本人非常看重这三部书。

关于《文始》的撰写，1914年，章太炎在《自述学术次第》中说：

余治小学，不欲为王菉友辈，滞于形体，将流为字学举隅之陋也。顾、江、戴、段、王、孔音韵之需学，好之甚深，终以戴、孔为主。明本字，辨双声，则取诸钱晓徵。既通其理，亦犹所歉然。在东闲暇，尝取二徐原本，读十余过，乃知戴、段所言转注，犹有泛滥，由专取同训，不顾声音之异。于是类其音训，凡说解大同，而又同韵或双

---

①《章太炎全集》（第5卷），第167页。

②《章太炎全集》（第11卷），第494页。

声得转者，则归之于转注。假借亦非同音通用，正小徐所谓引申之义也。转复审念，古字至少，而后代孳乳为九千，唐宋以来，字至二三万矣，自非域外之语，字虽转由，其语必有所根本，盖义相引申者，由其近似之声，转成一语，转造一字，此语言文字自然直则也。于是始作《文始》，分部为编，则孳乳浸多之理自见，亦使人知中夏语言不可贸然变革。①

王菉友即上文提到的王筠，字贯山，菉友是其号，著有《说文句读》，是《说文解字》研究大家。顾炎武、江永、戴震、段玉裁、王念孙、孔广森等也都是音韵学大家。钱晓徵即乾嘉学派大师钱大昕（1728—1804），晓徵是其字。上文大意是，通过研读诸名家的著述和《说文解字》二徐（徐铉、徐锴）原本，发现了语言文字发展的自然规律：古字数量有限，而后世衍生出的字数多达九千，唐宋以来，汉字数量更是增至二三万。若非外来语，这些字的衍生必有其根本，通常是由相似的声音引申出新的意义，进而创造出新的字词。于是撰成《文始》一书，通过分部编排，揭示了汉字衍生增多的原理，并使人明白中国语言的变革不可贸然进行。

《文始》全书以声音为核心，根据韵部对转现象进行分类，分为歌泰寒、队脂谆、至真、支清、鱼阳、侯东、幽冬侵缉、

---

① 《章太炎全集》（第11卷），第499页。

之蒸、宵谈盗9卷。全书共包含437条内容，以初文、准初文510字作为字根，运用变易和孳乳两个原则，依据《成均图》所定的语音通转规则，通过声音将意义联系起来，以追溯汉字和汉语演变发展的脉络。该书是近代汉语语源学的开山之作，也是最早融合西方理论而编撰的语言学著作。

《文始》的贡献首先在于它开创了基于《说文》体系的汉语字源学研究。

中国传统的《说文》研究，主要集中在对《说文》的体例、六书、形义系统、声义系统等方面的探讨。例如，清代学者段玉裁的《说文解字注》运用考据学和校勘学的方法，深入分析了文字的形、音、义。王筠的《说文释例》二十卷，前十四卷详细阐释了"六书"以及《说文》的条例和体制；《说文句读》则综合了段注、桂注《说文义证》以及其他学者的研究成果，对文字的形、义进行了分析。朱骏声的《说文通训定声》侧重于音义关系，通过音韵和训诂的原理来阐明《说文》。章太炎的《文始》则是首次从发生学的角度，对《说文》中的汉字形音义进行了全面而综合的研究。他从《说文》的字形出发，归纳出初文和准初文系统，并结合谐声、读若和训释说解，整理出相应的音义规律。章太炎对《说文》中保存的先秦字料进行了全面的系联和求源工作，重新梳埋和编排了《说文》，开创了《说文》研究的新领域。《文始》为传统《说文》学提供了一个全新的研究方法和理论视角，从而开创了基于《说文》形音义体系的汉语字源学。

其次，确立了汉语同源字族构建的理论原则和系联的方法模式。

在《文始》之前，汉语字源（词源）研究多为零散随意的系流考源、连类而及的排比疏释，缺乏完整、系统的理论指导和全面的系联求源。例如，清代语言学史上的重要著作《广雅疏证》，由王念孙编撰，主要补正《广雅》文字、纠正先儒误说、揭示《广雅》体例、疏证《广雅》的训释，但其内容仅"兼涉同源探求"。程瑶田的《果蠃转语记》虽专门分析"果蠃"一词的演变，却也缺乏明确的理论指导。章太炎则在长期积累的基础上，形成了自己的语源学理论，并以此撰写了《文始》。

章太炎的语源学理论主要体现在《国故论衡》上卷《语言缘起说》中。《语言缘起说》开篇即言："语言者不凭虚起，呼马而马，呼牛而牛，此必非恣意妄称也。诸言语皆有根，先征之有形之物，则可睹矣。"[1]根据他的观察，语词最初是对有形之物的称呼，是人类通过感官实现的。为何称鸟为"雀"？因其鸣声错错。为何称鸟为"鸦"？因其鸣声亚亚。这是"以音为表"的例子。为何称马为"马"？马，意味着武力。为何称牛为"牛"？牛，意味着劳作。为何称神为"神"？神，意味着引出万物。为何称祇为"祇"？祇，意味着提出万物。这些都是"以德为表"的例子。最终发展到"天之言颠，地之言底，山之言

宣，水之言准，火之言毁，土之言吐，金之言禁，风之言氾。"事物的名字（语词）是从表实，到表德或表业的。"牛""马"最初是表实，"事""武"是由牛、马衍生而来的。"引导万物"为神，"提出万物"曰祇。这是假借的用法。

此外，书中还提供了大量汉语同源字词的研究资料。

《文始》一书共463个条目，除去15条未列同族字外，共系联了448条，计6612字（不包括重复字），所系联的字数占《说文》收字的三分之二以上，比黄侃《说文同文》（收3493字）多出3119字，比王力《同源字典》（3342字）多出3270字。这不仅为章太炎的字源学说提供了坚实的学术支撑，而且还为基于《说文》的汉语同源字研究积累了丰富的资料。

章太炎对《文始》的自我评价极高，自诩为"一字千金""千六百年来无有等匹"。沈兼士在《右文说在训诂学上之沿革及其推阐》一文分析章氏"语言缘起说"时评论道："章先生之论更有进于前人者：（一）自来训诂家鲜注意及语根者，章氏首先标举语根以为研究之出发点，由此而得中国语言分化之形式，可谓独具只眼。（二）根据引伸之说，系统的胪举形声字孳乳之次第，亦属创举。章先生以后作《文始》，殆动机于此。"[1]当代著名语言文字学家王宁先生指出："总体来看，《文始》这部书奠定了我们对传统字源学的基本认识。"[2]以陆宗达、王宁为代

---

[1]沈兼士：《沈兼士学术论文集》，中华书局1986年版，第111页。

[2]陆宗达、王宁：《训诂与训诂学》，山西教育出版社1994年版，第3页。

表的章黄学派，正是在《文始》的基础上对语源学理论框架进行了构建，特别注重基础理论的创建，将汉代以至章黄时期的语源研究大大推进了一步。当然，也有对章太炎之说持批评态度的。例如，中国现代语言学的奠基者之一、一代宗师王力先生，先是赞扬章太炎在语源研究上取得了重大成就，"对汉语同源字进行了全面的研究，这是章炳麟的创举"，是"发明派""发明得多，而且新颖"，但同时也批评《文始》"错误之处远多于正确之处"。

《新方言》一书，与扬雄所著的"旧《方言》"相对，其"新"在于它不仅汇集了古代文献和现代调查所得到的方言异语及外国方言，而且进一步追溯了现代方言俗语的起源。它不仅是一本记录方言的书籍，更是一本通过分析现代语言的声韵变化来探究语源的语源学著作。正如《新方言序》所言："考方言者，在求其难通之语，笔札常文所不能悉，因以察其声音条贯，上稽《尔雅》《方言》《说文》诸书，敦然如析符之复合，斯为贵也。"[1]

《新方言》收录了超过八百条方言词汇，分为十一卷：释词、释言、释亲属、释形体、释宫、释器、释天、释地、释植物、释动物、音表，附有《岭外三州语》。音表部分详细列出了古音韵母二十三部和古音声母二十一纽。该书受到了欧洲语言学的启发，通过对方言词汇的本字和语源进行考证，用古代语

---

[1]《章太炎全集》（第4卷），第3页。

言来验证现代语言，反之亦然。在研究方法上，它将文献资料与现存方言相互印证，既参考了《尔雅》《说文解字》《方言》等古代文献，又考察了各地活方言中的流行词汇，并遵循戴震《转语》中提出的"疑于义者，以声求之；疑于声者，以义正之"的原则，运用汉语声韵演变规律及古今音转理论，来研究词语在不同历史时期和不同地域的演变情况。

本书中的每个条目通常首先列举古籍中的例证，以证实某个字确实具有特定含义。随后，会展示现代某些地区的方言词汇，并揭示这些方言词汇与古籍中字词在音韵和意义上的联系。这样的对比旨在证明古籍中的字词实际上就是现代某些方言词汇的本字。例如，在《释言第二》中，《方言》记载："一，蜀也。"《广雅》则说："蜀，式也。"《管子·形势》提到："抱蜀不言。"这里的"蜀"指的是"抱一"。蜀的发音为市玉切，音稍变则近似于"束"。在福州，人们将"一"称为"蜀"，并且一尺、一丈、一百、一千分别被称为"蜀尺""蜀丈""蜀百""蜀千"，发音都类似"束"。在苏州、松江、嘉兴等地，"一"和"十"的名称没有变化，唯独将"十五"称为"蜀五"，发音也类似"束"。

在《释地第六》中，《虞书》写道："茂迁有无化居。"章太炎解释说，现代人将日常用品称为"家伙"。其依据是《说文》中"家，居也"的解释，以及《释名》中"火，化也"的解释。由于"家"与"居"、"火"与"化"在发音上相同，因此"家伙"实际上就是"居此"，意味着"化居"二字的顺序颠倒。有时，日常用品也被称为"货物"，意思是一致的。

章太炎的《新方言》被视为中国现代方言学的开山之作。他不仅率先提倡全国方言的调查研究，而且首次尝试对全国方言进行分区，为现代方言学的发展奠定了基础。然而，《新方言》所涵盖的方言范围广泛，涉及十八个省份。正如章太炎本人所言，他编纂此书仅用了一年多的时间："实事求是之学，虑非可临时卒辨，即吾作《新方言》，亦尚费岁余考索。昔子云把弱翰、赍油素以问卫卒、孝廉，归乃椠次异语，二十七岁始有成书。吾之比于子云，已过速矣。"①关于他是否进行过实地的方言调查，以及调查的具体方法，自该书问世以来，一直受到学者的怀疑。1924年，就有人撰文指出书中大量引用了刘师培（申叔）、黄侃（季刚）的观点。章太炎是浙江余杭人，刘师培是江苏仪征人且居住在扬州，黄侃是湖北蕲春人，书中所列方言大多局限于他们所熟悉的地区，总计不过八百条。以中国之辽阔，这些方言不过是沧海一粟！与扬州土话小说《飞驼子传》中的方言相比，恐怕还要少上许多。②梁启超虽然肯定了章太炎在提倡方言研究方面的特殊贡献，并称他为现代音韵学的奠基人，认为《新方言》极具价值，但也提出，要全面调查方言，需要各地人士共同参与研究，才能获得充分的资料，这可能需要组织学会来实现。当代有学者认为，章太炎可能利用了各省

---

①《章太炎全集》（第8卷），第372页。

②何仲英：《中国方言学概论》，载《东方杂志》1924年第2期。

留学生聚集在东京的机会，通过直接和间接的方法调查了全国的方言，并据此撰写了《新方言》。

《小学答问》是一部采用问答形式的语言文字学专著。章太炎在《小学答问》的序言中提道："余以鞅掌之隙，息肩小学，诸生往往相从问字。既为陈先正故言，亦以载籍成文钩校枉韦，断之己意，以明本字借字流变之迹，其声义相禅别为数文者，亦稍示略例，观其会通，次为《小学答问》。"①

《小学答问》共收录了122条问答，其中涉及本字与借字演变的问答占据了全书的80%以上，这与该书旨在阐明本字的宗旨相一致。例如：

问曰：《说文》："济水出常山房子赞皇山，东入泜。"其假以为四渎者，字作泲，凡训渡、训止者，何字也？答曰：训渡者，当为舻。《说文》："不行而进谓之舻，从止在舟上。"是所谓渡。舻、齐声转。《说文》："劑（剪），齐断也。"《释言》："翦（翦），齐也。"《士丧礼》："马不齐髦。"注曰："齐，翦也。"又《释诂》："翦，勤也。"翦当读为齐给便利之齐。《释诂》云："齐，疾也。"本字实当为齌。《说文》："齌，炊馎疾也。"疾、勤义近。又《方言》："济，灭也。"《晋语》："二帝用师以相济也。"济训灭者，亦借为劑及戬，是皆其、舻齐声转之例。渡谓之舻，

---

①《章太炎全集》（第4卷），第463页。

所渡者谓之津，莘、津亦声近，故孳乳以成名。训止者当为霁。《说文》："霁，雨止也。"《释天》："雨济谓之霁。"移以言风。《庄子·齐物论》说："厉风济则众窍为虚。"亦可作㞢。《说文》："㞢，止也。"止、已、终、成同义，则《乐记》曰："事蚤济也。"①

问曰：《说文》无遐，其字云何？答曰：当为𤕻。《说文》："𤕻，大远也。"②

此外，还有对《说文解字》释义的解读，对段注的驳正等例子，此处不再详述。总体而言，章太炎对《说文解字》的研究确实有所贡献。

---

① 《章太炎全集》（第4卷），第500页。
② 《章太炎全集》（第4卷），第510页。

　　儒学是中国传统文化的主干。自汉武帝实施"罢黜百家，独尊儒术"的政策以来，儒学便成为中国传统社会的主导思想，对中国文化的各个领域产生了深远的影响。儒家学派的创始人孔子被尊为中华民族的圣人，与他相关的《诗经》《尚书》《礼记》《周易》《春秋》等被尊为经典，成为历代文人学士的必读之书，对这些经典文献进行阐释和解读的"经学"构成了中国传统学术的主流。章太炎在历史的交汇点上，继承并发展了章学诚"六经皆史"的理论，突破了传统"尊经崇圣"的观念，将孔子从圣人的宝座上拉了下来，还原为诸子之一，为现代学术的转型做出了重要贡献。

一、六经皆史

　　经学是章太炎立学的根基。1903年，他在致刘师培的信中写道："学术万端，不如说经之乐。心所系著，已成染相，不得不为君子道之。"①章太炎一生撰写的与经学相关的著作超过270种，内容涉及《诗》《书》《礼》《易》《春秋》，以及石经等各个方面，并且多有创见。他本人则被称为古文经学大师。

六经何以皆史？章太炎认为，经，首先是官书，其次是史书。

何谓"经"？章太炎在《经的大意》中开门见山指出："什么叫作经？本来只是官书的名目。""真实可以称经的，原只是古人的官书。"②在《国学概论》中，章太炎做了进一步的解释：

> 经字原意只是一经一纬的经，即是一根线，所谓经书只是一种线装书罢了。明代有线装书的名目，即别于那种一页一页散着的八股墨卷，因为墨卷没有的保存价值，别的就称做线装书了。古代记事书于简，不及百名者书于方，事多一简不能尽，遂连数简以记之。这种连简的线，就是经。可见，经不过是当代记述较多而常要翻阅的几部书罢了。

其理由是，春秋战国时期，书籍的制作方式是将文字雕刻在木牍或竹简上。由于材料的限制，简短的文字通常刻在木牍上，而较长的文本则刻在编连的竹简上。木牍由于是单片的，因此不需要使用丝绳。而竹简是由多片竹片编连而成，需要使用丝绳来串联。编连"简"的那根线叫作"经"。《仪礼·聘礼》

---

①姚奠中、董国炎：《章太炎学术年谱》，山西古籍出版社1996年版，第82页。
②《章太炎全集》（第14卷），第98页。

中记载："百名以上书于策，不及百名书于方。"这里的"名"指的是文字，"策"指的是竹简，"方"指的是木板。意思是说超过一百个字的内容书写在竹简上，不足一百个字的内容则书写在木板上。《礼记·中庸》中也有记载："文武之政，布在方策"，其中的"方"和"策"同样指的是竹简和木板。在汉初，书籍的命名常常依据所用简的大小。官方编纂的书籍通常刻在二尺四寸长的竹简上。因此，在汉代，六经被称为二尺四寸，意味着六经在当时被视为官方书籍。至于普通书籍，既不属于"经"也不属于"律"，刻在较短的竹简上，因此被称为"短书"。

从来源上讲，上古官员所发号的施令均来自"天"，仁义、兴造制作、制度均依据上天的旨意。这些传递天意的符号被称为"经"。《庄子·天下》和《礼记·经解》提到的《易》《诗》《书》《礼》《乐》《春秋》六经既是官书，也是经书的名称。然而，古人的经并不仅限于六经。例如，《管子》的前九篇被称为"经言"，其余部分则称为"区言"和"杂篇"；《墨子》中包含《经上》《经下》《经说》等篇章；贾谊的著作中有《容经》篇；韩非子的书中也有《内储》《外储》等篇章带有经名。《周髀算经》据说是周公与商高所著，《逸周书》则是周朝史官的记录。性质与《易经》相似的还有《连山》和《归藏》，以及汉代尚存的《司马法》，这些都是官书，同样可以被称为"经"。这说明，并非所有经都是官书，官书也不全都是经书。

其次，经是史书。章太炎在《经的大意》中说：

　　经典到底是甚么用处呢？中间要分几派的话，汉朝人是今文派多，不晓得六经是什么书，以为孔子豫先定了，替汉朝制定法度，就有几个古文派的，还不敢透露的驳他。宋朝人又看经典作修身的书。直到近来，百年前有个章学诚，说"六经皆史"，意见就说六经都是历史，这句话，真是拨云雾见青天。《尚书》《春秋》固然是史，《诗经》也记王朝列国的政治，《礼》《乐》都是周朝的法制，这不是史，又是甚么东西？惟有《易经》似乎与史不大相关，殊不知道，《周礼》有个太卜的官，是掌《周易》的，《易经》原是卜筮的书。古来太史和卜筮测天的官，都算一类，所以《易经》也是史。[①]

　　章学诚（1738—1801），原名文镳、文酕，字实斋，号少岩，会稽（今浙江省绍兴市）人，是清初浙江的杰出学者，在方志学领域取得了显著成就，被誉为"方志学之祖"。章学诚的主要论点是：六经都是史书。古人不著书，古人也未尝离开事实而言理，六经都是先王的政典。在古代，并不存在经书和史书的区别，六经都是掌管史的官。古人所说的"经"是指夏、商、周三代的法规和制度，其目的是用于教化民众，并非圣人刻意创作以流传后世的。换言之，六经均为周官所掌管的旧时典籍，而非私人的著作。

---

① 《章太炎全集》（第14卷），第99—100页。

　　"六经皆史"的理念并非由章学诚首次提出的。实际上，早在元代，郝经在其《经史论》中便已提出了"古无经史之分"的观点。郝经认为，孔子确立六经之后，经的称谓才开始出现，但当时并未有史的名称，即经与史尚未有明确区分。直至司马谈、司马迁父子撰《史记》，经与史才被明确划分开来，从而形成了后来的经学和史学。稍晚于郝经的刘因，在其《叙学》中也表达了类似的观点，认为古时并无经史之别，《诗》《书》《春秋》皆可视为史书。到了明代，潘府提出了"五经皆史"的说法，这与"六经皆史"极为相近。同时代的王阳明也说"五经亦只是史。史所以明善恶，示训诫。善可以为训者，时存其真以示法；恶可以为戒者，存其戒而削其事以杜奸。"①只不过，章学诚是那个将"六经皆史"的理念表述得最为明确的人而已。

　　章太炎和章学诚都承认经是官书，他们的观点均源自《汉书·艺文志》中关于六艺出于王官的论述。然而，章太炎并不完全赞同章学诚的观点，特别是关于经皆官书、史书不可私自编撰的看法。在《原经》一文中，章太炎用众多例证反驳了章学诚关于"经皆官书"的观点，其目的是进一步说明上古作书不在公私，而在于是否符合"法式条例"。具体说来，符合"法式条例"的可以作，反之则不可以作；学在官府不得私自撰述，若在私人则可以私人名义进行撰述。经是官书，但并非所有官

①王阳明著，吴光等编校：《王阳明全集》（新编本），浙江古籍出版社2010年版，第11页。

书都可称为经。《易》《诗》《书》《礼》《乐》《春秋》既是官书也是经，这属于特例。《逸周书》《世本》《史籀》等书虽然也是官书，但并不被称作经。

章学诚提出的"六经皆史"观点，旨在批评当时学者只知蛰居书斋对六经作考订工夫，而忽略了六经本质上记录了先辈们的政治实践。章太炎则致力于论证"六经"为古史官所记的历史，与后世的"史书"并无二致。在他看来，经与史原是不分的，因为在上古时期并没有专门的"史"这一称谓，经书即最初的历史记录。汉代刘歆作《七略》，所记载的事均被归类于《春秋》家，这说明在当时史部与经部同类。"经外并没有史。经就是古人的史，史就是后世的经。"[1]

章太炎在《国学概论》中进一步阐述了他的"六经皆史"。他认为，在六经里面，《尚书》《春秋》都是记事的典籍，我们当然可以说他是史。《诗经》大半部是为国事而作（《国风》是歌咏各国的事，《雅》《颂》是讽咏王室的），像歌谣一般的，夹入很少，也可以说是史。《礼经》是记载古代典章制度的（《周礼》载官职，《仪礼》载仪注），在后世本是史的一部分。《乐经》记载乐谱和制度的典籍，也含史的性质。只有《易经》一书，看起来像是和史无关，但实际上也是史。司马迁说："《易》本隐之以显"，"《春秋》推见以至隐"。[2]意思是说

---

[1]《章太炎全集》（第14卷），第100页。

[2]《史记》，中华书局2014年版，第3722页。

《春秋》是胪列事实，中寓褒贬之意。《易经》和近代社会学一般，一方面考察古代的事迹，得到一些原则，然后拿这些原则推测现在和将来。简单说来，《春秋》是明显的史，《易经》是蕴着史的精华的。因此可见，六经无一非史，后人于史以外别立为经，推尊过甚，有些近于宗教的意味。①

一言以蔽之，春秋以上有六经，是孔子的历史学。春秋以下有《史记》《汉书》以至历代书志、纪传，也是孔子的历史学。也就是说，经学就是孔氏的历史之学，六经可以像《史记》《汉书》一样当作史书来看。

六经既然是官书，这表明它们在孔子之前就已经存在。那么，孔子与六经之间究竟有何联系？传统的说法有两种：一种是今文经学派的观点，孔子作六经，为汉朝制法；另一种是古文经学派的观点，视孔子为史学家，认为六经是孔子整理和修订的古代文献。这两种不同的观点反映了对儒学的不同理解。章太炎指出，六经的命名是由孔子确定的。他在《经学略说》中说："六经之名，孰定之耶……至于《春秋》，国史秘密，非可公布。《易》为卜筮之书，事异恒常，非当务之急，故均不以教人。自孔子赞《周易》，修《春秋》，然后《易》与《春秋》同列六经。以是知六经之名，定于孔子也。"②意思是说，《春秋》作为国家机密的史书，不宜公开；《易经》作为占卜之书，

———————————

①章太炎讲演，曹聚仁整理：《国学概论》，上海古籍出版社1997年版，第18—19页。
②《章太炎全集》（第15卷），第873页。

其内容变化无常，非日常所需，因此二者均未被用作教育之用。自孔子为《周易》做传，修订《春秋》，《易经》与《春秋》才得以并列于六经之中。所以，六经之名是孔子所定的。

孔子为何要修订六经？又是如何进行修订的呢？章太炎如是说：

> 所谓孔子删《诗》《书》，定《礼》《乐》，赞《周易》，修《春秋》者，《汉书·艺文志》云：《礼》《乐》，周衰俱坏，乐尤微妙，又为郑、卫所乱，故无遗法……及周之衰，诸侯将逾法度，恶其害己，皆灭去其籍，自孔子时而不具。是孔子时《礼》《乐》已阙，惟《诗》《书》被删则俱有明证。《左传》：韩宣子适鲁，观书于太史氏，见《易象》与鲁《春秋》，曰："周礼尽在鲁矣。"可见别国所传《易象》，与鲁不尽同。孔子所赞，盖鲁之《周易》也。《春秋》本鲁国之史，当时各国皆有春秋，而皆以副本藏于王室，故太史公谓孔子西观周室，论史记旧闻而修《春秋》，盖六经之来历如此。①

具体到每一经，其删定的原因和过程又有所差别。孔子删定《诗经》和《尚书》，旨在简化人们的"持诵"过程。由于古时《诗经》和《尚书》篇幅繁多，读书人难以全部通读。以

---

① 《章太炎全集》（第15卷），第877页。

《诗经》为例，在孔子删减之前，它包含了"九德之诗"和"六德之诗"，总计十五种。现今《诗经》中仅存的风、雅、颂就多达三百篇，若再加上九德之诗以及赋、比、兴，总共十五种，应当有一千五百篇。如果再加上《墨子》所载的"诵诗三百、弦诗三百、歌诗三百、舞诗三百"，至少还应有二千篇。因此，司马迁所说的《诗经》原有三千多篇，大致是准确的。孔子在删诗时，删去了九德之诗和赋、比、兴部分，因为九德中涉及的水、火、金、木、土、谷等元素多为咏物之作，与表达性情的宗旨不符。"不歌而诵谓之赋"，赋本不可歌。因此，这部分是可以删减的。

《尚书》被认为是我国最早的历史文献，其原始篇幅已无法确切得知。根据《汉书·艺文志》的记载，《尚书》的起源非常久远。孔子对《尚书》进行了整理，"上断自尧，下迄于秦"，共计一百篇，并为之作序。[1]然而，章太炎认为，《尚书》在孔子整理之前就已经有部分遗失。他给出了两个理由：首先，《左传·昭公十二年》记载楚灵王之左史倚相通《三坟》《五典》《八索》《九丘》。楚灵王时，孔子已经二十多岁，他所整理的《尚书》中仅有《尧典》《舜典》，说明其他篇章可能已经亡佚。其次，《夏书》中记载有《甘誓》《五子之歌》《胤征》三篇，但在《胤征》之后，据《左传》记载，魏绛讲述的后羿和寒浞的故事以及伍员叙述的少康中兴事迹，《尚书》中均未见有记

---

①班固撰，颜师古注：《汉书》，中华书局1962年版，第1706页。

载。魏绛生活在孔子之前，伍员与孔子同时代，这说明《尚书》在孔子时已有散失的篇章。

在周代，分封诸侯时必有相应的诰命颁布，然而《尚书》中仅收录了封康叔的《康诰》，而未见伯禽、唐叔的诰命。伯禽和唐叔的封地在孔子的故乡，且相关篇名在《左传》中有所提及。合理的推测是，这些诰命可能被孔子删去了。删去的原因可能是周代分封的诸侯众多，无法将每一篇诰命都详细记录下来，只能挑选其中最为重要的进行保存。《康诰》之所以被保留，是因为其内容重要。孔子之所以要删《尚书》，也是出于便于"持诵"的考虑。因为《尚书》篇数众多，且文义古奥，用来教育士人，难以有人能全部读完，所以孔子才进行删节。这与后来的史家在编纂史书时，无法将所有史料一一详尽记录的做法相似。

所谓"定《礼》《乐》"，《乐经》在汉代已失传，难以详述。关于《礼经》，《礼记·礼器》记载有"经礼三百，曲礼三千"，郑玄注"经礼"就是《周礼》。《中庸》云"礼仪三百，威仪三千"，孔颖达疏"礼仪三百"指的是《周礼》，"威仪三千"则对应《仪礼》。汉代高堂生所传《士礼》五十六篇。现存《仪礼》仅十七篇，约五万六千字，平均每篇约三千三百字。章太炎据此推算，高堂生所传《士礼》原本应有十七万字。因此，在孔子之时，《礼经》的字数应该更多。面对如此众多的篇章，为了方便读者阅读，孔子像删《尚书》一样对其进行了删减。此外，古礼包括吉、凶、宾、军、嘉五类，但现行《仪礼》仅包含吉、凶、宾、嘉四类，未收录军礼。其原因在于孔子本人不喜谈论兵事。《汉书·艺文志》著录有《司马法》二百余篇，即为其遗漏的军礼部分。古律也是官书，汉代以前，《周礼》记载五刑有二千五百条，《吕刑》则称有三千条。"律者，在官之人所当共知，不必以之教士"，且"代有改变，不可为典要"①，所以孔子也没有将其编入礼经。

所谓"赞《周易》"，指的是孔子撰写的《易传》。《周易》原本是一部用于占卜的典籍。《周礼·春官》记载："太卜掌三易之法，一曰连山，二曰归藏，三曰周易。其经卦皆八，其别皆六十有四。"②在孔子赞《易》之前，《周易》仅被视为一部普通的占卜书籍，属于"旧法世传之史"，并不用于教育。孔子赞《易》之后，《周易》的内涵和价值得到了显著提升，读的人增加了，应用范围扩大，最终成为儒家六经之一。

所谓"修《春秋》"，表明孔子之前《春秋》已存在。根据章太炎的考证，周宣王时期已有周《春秋》，其最初的编纂者是当时的史官尹氏、辛氏、史籀等。春秋时期，各个诸侯国都有自己的"春秋"，章太炎将这些称为"百国《春秋》"。孔子为何要"修《春秋》"呢？章太炎在《春秋左氏疑义答问》中说"修《春秋》"有两个原因：一是四夷交侵，诸夏失统，奕世以后，必有左衽之祸，欲存国性，独赖史书，而百国散纪，难令

①《章太炎全集》（第15卷），第874页。

②郑玄注、贾公彦疏，彭林整理：《周礼注疏》，上海古籍出版社2010年版，第921—922页。

久存，故不得不躬为采集，使可行远。二是王纲绝纽，乱政亟行，必绳以宗周之法，则比屋可诛；欲还就时俗之论，则彝伦攸斁其惟禀时王制新命，采桓、文之伯制，同列国之贯利，见行事之善败，明祸福之征兆，然后可施于乱世，关及盛衰。[1]"要在褒周室、尊方伯、攘夷狄，及诸朝会遣使之事，略与《小雅》同，而不及《大雅》受命之端，其统亦可见矣。"[2]这项工作并非易事。正如章太炎所言，鲁《春秋》仅是鲁国一国之史，想要通过一国之《春秋》来包举列国的历史，是不容易的。当时各诸侯之史，唯有周王室的《春秋》最为详备，因为列国的记载都必须上报给周室。孔子若想全面记录列国的历史，非修订周室的《春秋》不可。但周室的《春秋》，孔子是没有资格修订的。鲁国是孔子的父母之邦，因此他所能修订的只有鲁国的《春秋》。然而，鲁国的《春秋》局限于一国之见，对于列国的事情，或因信息不全，或有意隐瞒，无法准确地了解。即使鲁国的史官记录，也可能存在错误。这样一来，鲁《春秋》记载的可信度便值得怀疑。若不可信，则无法进行恰当的褒贬，也不足以传之后世。因此，孔子不得不到周室去观书，在广泛阅读各国史籍、深入考证核实之后，他才能着手修订《春秋》。当时，左丘明为鲁国的史官，与孔子一同阅览周室的史书，对孔子修《春秋》起了很大的帮助作用。所以章太炎在《原经》中

---

① 参见《章太炎全集》（第6卷），第270页。
② 《章太炎全集》（第6卷），第268页。

指出："其次《春秋》，以《鲁史记》为本，犹凭依左丘明。"①

　　既然六经被视为史书，而孔子又是修订六经的关键人物，自然也就不是为汉家制法的"素王"了，而是一位地地道道的史学家。1902年，章太炎在修订的《訄书》中新增《订孔》一文，明确地将孔子定位为"古良史"，称孔子"辅以丘明而次《春秋》，料比百家，若旋机玉斗矣"②，把他比作中国史学史上的泰山北斗，后来的司马谈父子作《史记》、刘歆父子编《七略》，均是继承了他的事业。后世能与之匹敌的只有汉代的刘歆。章太炎在《驳建立孔教议》中总结了孔子的四大贡献："盖孔子所以为中国斗杓者，在制历史，布文籍，振学术，平阶级而已。"③

　　所谓"制历史"，即孔子"修《春秋》"。《尚书》所载百篇，年代久远且细节简略，仅是随事记录，难以一目了然其始末。自孔子编纂《春秋》，历史记载始有明确的年代顺序，始得以清晰展现历史发展脉络。左丘明为之作传，司马迁、班固继其遗风，史学因此而大放异彩，史学规范得以确立，世代传承，使得后世能够了解古代，后人因此而知前事。因此，即便在战乱频仍、国家危难之际，人民仍怀有对传统的记忆，能够幡然醒悟，回到正途。孔子"修《春秋》"对华夏文明的贡献，堪称第一。章太炎多次在文章和演讲中强调了孔子这一历史贡献。

---

① 《章太炎全集》（第5卷），第59—60页。

② 章太炎著，徐复注：《訄书详注》，上海古籍出版社2000年版，第51页。

③ 《章太炎全集》（第8卷），第202页。

在《原经》一文中，章太炎指出："令仲尼不次《春秋》，今虽欲观定、哀之世，求五伯之迹，尚荒忽如草昧。夫发金匮之藏，被之萌庶，令人人不忘前王，自仲尼、左丘明始。且仓颉徒造字耳，百官以治，万民以察，后嗣犹蒙其泽。况于年历暗昧，行事不彰，独有一人抽而示之，以诒后嗣，令迁、固得续其迹，讫于今兹。则耳孙小子，耿耿不能忘先代，然后民无携志，国有与立，实仲尼、左丘明之赐。"①后人铭记先代，国家得以确立，实为孔子、左丘明之功。完全把孔子当作一个开创史法的史学家，其地位远在司马迁、班固之上。

作为儒家学派的奠基人，当孔子不再是为汉家制法的"素王"时，自然回到了诸子百家的行列，他所创立的儒家学说也随之失去了往日的神圣光环。因此，在《诸子学略说》中，章太炎指出："孔子删定六经，与太史公、班孟坚辈初无高下。其书则既为记事之书，其学惟为客观之学。"②

二、儒学的本质是修己治人

"六经皆史"让孔子走下了神坛，然而，孔子毕竟是儒家学派创始人，如何定义他所创立的学派？这也是一个必须回答的问题。

1909年11月，章太炎在《国粹学报》第10号上发表了《原

---

① 《章太炎全集》（第5卷），第62页。
② 《章太炎全集》（第14卷），第49页。

儒》一文，对"儒"的历史含义进行了全新的阐释。文章提出了"儒"的三个层面："达名为儒""类名为儒""私名为儒"，这对于理解章太炎的儒学思想具有重要的意义。

"达名为儒"，即广义的儒。"儒者，术士也。"凡是懂得通晓天文占卜，因其技艺众多，故被广泛称作具备"九能"之人，所有有技艺者皆可归于儒者之列，无论是道家、墨家、法家、阴阳家、神仙家，都属于儒的范畴。"类名为儒"，指的是精通礼、乐、射、御、书、数六艺，"躬备德行为师，效其材艺为儒"。"私名为儒"，指《汉书·艺文志》中所记载的，继承尧、舜、文、武之道，以孔子为宗师的儒家学派。"儒家者流，盖出于司徒之官，助人君顺阴阳明教化者也。游文于六经之中，留意于仁义之际，祖述尧舜，宪章文武，宗师仲尼，以重其言，于道为最高。"[1]

章太炎的儒有三科说把儒与汉代的"五经家"做了区分。他认为，儒者致力于文学，而五经家则专注于经学。五经家在坚守节操方面胜过儒者，但在辩论智慧上稍逊一筹。自司马迁开始，以"儒林"之名表彰齐、鲁等地的学者，他们致力于润饰孔子的遗业，崇尚礼乐弦歌之音，乡饮大射等礼仪活动，皆不违背技艺。因此，他们被并列比较。到了汉代，董仲舒、夏侯始昌、京房、翼奉等学者，多推崇五行胜义，又擅长占星术和风角之学，与阴阳家同流合污，混淆三科之区别。后来，古

---

① 《章太炎全集》（第5卷），第108—110页。

文家出现，他们追求实事求是，依据文献而非口传，即便是子游、子夏这样的大儒，若无实证也会被排斥。这标志着史官一脉与儒家渐行渐远。以"达名"论，道、墨、名、法、阴阳、小说、诗赋、经方、本草、蓍龟、形法都是术士，为何不可以称之为儒？以"类名"言之，蹴鞠、弋道近似射艺，历谱与数术相近，调律与乐相仿，都是国子学里的儒生所涉猎的。独以传授经典作为儒者的定义，与"私名之儒"有所不同，与以"达名""类名"来界定儒者则显得片面。总的说来，其称谓随时代变迁而有所不同，即"题号由古今异"。在这个问题上，儒家与道家相似。儒之名在古代通称为术士，于现今则专指坚守师法者。道之名在古代通称为德行道艺，于现今则专指老聃之徒。为了避免与老子的学派混淆，道家的称谓不用于指称各种方技（指从事医、卜、星、相之术者）。传授经典的人又被称为儒，这与"私名之儒"混淆了。

《礼记·儒行》记载孔子答鲁哀公："儒有不陨获于贫贱，不充诎于富贵，不愿君王，不累长上，不闵有司，故曰儒。今众人之命儒也妄常，以儒相诟病。"①言当时以"儒"为名的人，未有坚守常道不变的，所以为人所轻。章太炎进一步说："谓自师氏之守以外，皆宜去儒名便，非独经师也。"因为，以三科全称儒仅以三科来称呼儒者，名与实之间无法相互检验。若名实不符，就会经常相互攻讦。或以类名主宰私名，或以私名主宰

---

①孙希旦撰，沈啸寰、王星贤点校：《礼记集解》，中华书局1989年版，第1409页。

类名，或以私名主宰达名。

章太炎在其文章中所作的区分，揭示了儒家与经师的不同，进一步确立了儒家作为诸子百家之一的地位，在学术史上产生了深远的影响。1934年，胡适在其引以为傲的著作《说儒》中评价道："太炎先生这篇文章在当时真具有开山之功，因为他是第一个人提出'题号由古今异'的一个历史见解，使我们明白古人用这个名词有广狭不同的三种说法。太炎先生的大贡献在于使我们知道'儒'字的意义经过了一种历史的变化，从一个广义的，包括一切方术之士的'儒'，后来竟缩小到那'祖述尧舜，宪章文武，宗师仲尼'的狭义的'儒'。这虽是太炎先生的创说，在大体上是完全可以成立的。"[1]在此基础上，胡适通过对"儒"字古义的深入研究，得出结论："儒是殷民族的教士；他们的衣服是殷服，他们的宗教是殷礼，他们的人生观是作为亡国遗民的柔逊的人生观。"[2]儒的职业包括治丧，相礼，教学。除了治丧相礼外，还要做其他的宗教职务。儒的职业要求博学多能，因此广义上的"儒"成为术士的通称。[3]围绕孔子与儒学的重新定位，学术界展开了激烈的讨论，这极大地推动了儒学的世俗化。

其次，儒学是修身之学。

既然儒学是传承自尧、舜、文、武之道，那么尧、舜、文、

---

①耿云志主编：《胡适论争集》（中卷），中国社会科学出版社1998年版，第1761页。

②耿云志主编：《胡适论争集》（中卷），中国社会科学出版社1998年版，第1760页。

③耿云志主编：《胡适论争集》（中卷），中国社会科学出版社1998年版，第1779页。

武之道究竟包含哪些内容？儒者又是如何传承这些智慧的呢？
《汉书·艺文志》记载：孔子曾言"如有所誉，其有所试"。
唐、虞的兴盛，殷、周的繁荣，孔子的事业，都是经过实践验
证的成果。然而，迷惑之人已经失去了其精妙之处，而偏激之
人又随时代变化而任意曲解，背离了道的根本。他们仅仅是为
了哗众取宠。后来的学者追随这种做法，导致五经被割裂，儒
学逐渐衰落。这是偏激儒者带来的祸患。"仲尼之业"即孔子的
事业又是什么呢？《隋书·经籍志》解释说：圣人之教，并非亲
自到每家每户去宣扬，因此需要儒者来宣扬并阐明。其说大致
本仁义和五常之道，黄帝、尧、舜、禹、汤、文、武，都遵循
这一准则。《周官》中太宰"以九两系邦国之民"，其中第四种
就是儒者。后来，儒道衰败，孔子追溯前代，修正六经，教出
三千弟子。《周官》原文"其四曰儒"之后有四个字"以道得
民"。《汉志》所指的"仲尼之业"，正是章太炎在《原儒》中
所说的"私名之儒"所从事的职业，即传播尧、舜、文、武之
道。那么，他们所传播的尧、舜、文、武之道具体是什么呢？
那就是修身与治国。

在1910年发表的《经的大意》中，章太炎回答经典到底是
什么用处时曾提到过"宋朝人又看经典作修身的书"。接着他又
说：关于修身的话，经典中鲜有直接论述，即便有，也只是寥
寥数语。孔子虽然提出"兴于《诗》"，但他并非主张诗的本意
在于教人修身，而是认为通过诗歌的韵律，陶冶性情，消除粗
暴和轻慢。《礼》和《乐》中包含了一些修身的元素，但通过琴

瑟和歌唱，人们能享受到更多乐趣，避免陷入无端的烦恼。舞蹈则类似于现代的体操，有助于身体轻盈，少生疾病。[①]章太炎《经的大意》一文旨在阐述"六经皆史"的观点，但字里行间也显露出经典包含修身的内容。

1933年，章太炎在《适宜今日之理学》的演讲中指出："儒家之学，本以修己治人为归宿。"[②]1935年，在《光华大学学报半月刊》上发表的《论经史儒之分合》一文中，章太炎从经、史、儒三者的关系出发，系统地论述了儒学是修己治人之道："经之所该至广，举凡修己治人，无所不具。其后修己之道，衍而为儒家之学。治人之道，则史家意有独至。"在该文中，章太炎认为儒家之言中关于修身的论述尤为丰富，论及政事的也不少。"孔子言兴于《诗》，立于《礼》，成于《乐》，《诗》《礼》《乐》本以教人修己。一部《论语》，言修己之道更多。今《论语》入经部，实则《论语》为孔氏一家之书，亦儒家言耳。《论语》既入经部，则若《孟》《荀》等无一不可入经部"。"经兼修己治人，史则详治人而略修己。"自《论语》问世以后，修己之道才粲然大备。儒家之所以受到重视，原因就在于此。历代史书所记载的，大多是帝王卿相之事，很少言及普通百姓。舜帝曾亲自耕作、制陶、捕鱼，最终登上了帝位，但史书对他的早年生活却鲜有记载。周公制礼作乐，但礼"不

---

① 《章太炎全集》（第14卷），第99—100页。

② 《章太炎全集》（第15卷），第508页。

下庶人"，并未普及到普通百姓，与百姓的关系不大。只有孔子出身于普通家庭，自道甘苦，值得使人效法。孔子贤于尧舜，是其地位使然。孔子以前，为帝王立言的人很多，为平民立言的人寥寥无几。人们称其为"东家之丘"，是把他当做普通百姓。孔子自己也说他年轻时地位卑微，所以才会做很多"鄙事"；后来担任仓库管理员能把账目算得清清楚楚，做管理畜牧的小吏能把牛羊养得肥壮。"以历经困厄之人，甘苦自知，言之能亲切，而修己之道亦因之圆满。"①

1935年，章太炎在苏州的演讲《论读经有利无弊》中，对此进行了更直接的阐述："所谓经学之利者，何也？曰：儒家之学，不外修己治人，而经籍所载，无一非修己治人之事。《论语》：'兴于诗，立于礼，成于乐'……皆修己之道也。"②

章太炎在其著作《论经史儒之分合》中，特别强调了史学、儒学与经学之间的联系。重申了"史本《春秋》嫡系""经史之不必分途""经所含者不止史学，即儒家之说亦在其内也"。"儒之与史，源一流分，虽儒谈政治，史亦谈政治，而儒家多有成见，渐与史有门户之分。然无儒家，则修己之道不能圆满。而治人之道，欲其运用有方，则儒家亦往往有得之者。"③

章太炎通过列举汉初的叔孙通、娄敬、郦食其和陆贾四位

①《章太炎全集》（第15卷），第591—595页。

②《章太炎全集》（第15卷），第566页。

③《章太炎全集》（第15卷），第596页。

杰出人物，来支撑他的论点。叔孙通是秦二世时博士，在汉高祖刘邦统一江山后，主动请缨为汉朝制定朝仪，最终被任命为奉常。娄敬是出身于齐国的普通士兵，后被刘邦授予郎中之职，封号奉春君。在汉高祖遭受白登之围后，娄敬提出与匈奴和亲，并建议迁移六国后裔及强宗豪族十余万人至关中。郦食其虽出身贫寒却酷爱读书，楚汉争霸期间，他被刘邦封为广野君，说服齐王田广放弃战备，以七十余城归顺汉朝，成为刘邦建立王朝的关键功臣。陆贾是汉代著名的儒家学者，在刘邦平定中原后，曾两次出使南越，成功说服赵佗归顺汉朝。章太炎认为，这些人物证明了传统儒者中存在许多能干的人才。而那些只专注于讲解经典经文的"纯粹经师"，往往缺乏实际运用的技巧，无法有效治理国家。因此，经典的治国之道，需要依靠儒家来实现。

章太炎对儒家经学的理解，以及他对孔子和历代儒学的评价，在很大程度上改变了儒学在中国的统治地位。正如日本学者河田悌一所指出的那样：

一言以蔽之，那就是使支撑两千年来封建专制体制的中国的儒教，及作为一元价值核心的孔子的权威相对化和降低了。他尽管未能彻底否定孔子的权威，但是作出了使绝对权威相对化的大贡献，进而给儒学以否定的评价变为可能。[1]

---

①章念驰编：《章太炎生平与学术（上）》，上海人民出版社2016年版，第502页。

章太炎一生，多次讲学，仅创办或参与主持的大型国学讲习活动就有四次，听过他讲学的各类"学生"，现在已经无法统计。章太炎晚年曾手订过一份《章氏弟子录》，开列了弟子22人，其中主要是他在日本讲学时的弟子。另有一份《章氏国学讲习会同人通讯录》，主要记录了章太炎晚年在苏州讲学期间的学生情况，除了章太炎本人及其夫人汤国梨，教员与学生总人数达到80人。章太炎的这些弟子，继承师说，学有本源，术业有专攻，不少人成了一流的学者，逐渐形成了一个以章太炎为核心的学术群体。尤其是章太炎早期在日本讲学时的弟子，在辛亥革命后的十几年里，在文化、学术、教育等领域异常活跃，为中国新文化运动的推进和学术进步作出了显著的贡献。

一、章太炎学派的形成

章太炎学派的形成，主要是通过国学讲习活动形成的。章太炎首次讲授国学的地点是在日本。1906年5月末，章太炎获释后随即东渡日本。在日本期间，除了担任《民报》的主编，章太炎还频繁为青年学生讲学。

1906 年农历八月上旬，"国学讲习会"在日本东京正式成立。根据宋教仁的记载，9 月 26 日，他访问了章太炎所在的民报社，章太炎向他透露"国学讲习会"已经成立。讲习会的课程分为预科和本科两个阶段。预科阶段主要讲授文法、作文和历史，本科阶段则涵盖文史学、制度学、宋明理学和内典学。章太炎还邀请宋教仁讲授宋元理学，但宋教仁以自己尚未深入研究，派别不清晰为由婉拒了。两人还就作文教学法以及中国宗教的诸多问题进行了讨论。

10 月 1 日，《民报》第七号发表了《国学讲习会序》，详细记录了国学讲习会成立的背景及其相关事宜：

> 吾闻处竞争之世，徒恃国学固不足以立国矣，而吾未闻国学不兴而国能自立者也。吾闻有国亡而国学不亡者矣，而吾未闻国学先亡而国仍立者也。故今日国学之无人兴起，即将影响于国家之存灭，是不亦视前世为尤岌岌乎？……
>
> 真新学者，未有不能与国学相契合者也。国学之不知，未有可与言爱国者也。知国学者，未有能诋为无用者也。作《訄书》之章氏者，即余杭太炎先生也。先生为国学界之泰斗，凡能读先生书者，无不知之。今先生避地日本，以七次捕逃、三年禁狱之后，道心发越，体益加丰，是天特留此一席以待先生，而吾人之欲治国闻者，乃幸得与此

百年不逢之会。同人拟设一国学讲习会，请先生临席宣讲，取为师资，别为规则。①

　　根据《国学讲习会序》附录，章太炎所授课程内容涵盖：中国语言文字的起源、典章制度的设立宗旨以及古代人物事迹中值得效仿的典范。此外，他计划每月编纂一册讲义。10月8日，《民报》刊登《国学振起社广告》，宣告："本社为振起国学，发扬国光而设，间月发行讲义，全年六册。其内容共分六种：（一）诸子学，（二）文史学，（三）制度学，（四）内典学，（五）宋明理学，（六）中国历史。"落款为"社长章炳麟"。②《国学振起社讲义》第一册于1906年问世，章太炎担任编辑和发行人，《民报》编辑部负责发行，由秀光社出版，收录了《诸子系统说》《管子余义》《中国近代史》等文章。10月7日，《国粹学报》第九号发布，刊载了章太炎所著《诸子略说》的最后一篇。《诸子略说》即《国学讲习会略说》中的《论诸子》，深入探讨了儒家、道家、纵横家、法家等各家的优劣。由于忙于编辑《民报》，章太炎最初的讲学活动未能形成固定模式。

　　《民报》停刊之后，章太炎主要依靠讲学维持生计。章太炎的弟子，同时也是他在东京讲学的门生黄侃（字季刚）在《太

---

①汤志钧编：《章太炎年谱长编（增订本）》，中华书局2013年版，第125页。

②参见《章太炎全集》（第10卷），第256页。

炎先生行事记》中提及了章太炎讲授国学的动因和目的：

> 日本政府受言于清庭，假事封民报馆，禁报不得刊鬻。先生与日本政府讼，数月，卒不得能，遂退居，教授诸游学者以国学。睹国事愈坏，党人无远略，则大愤，思适印度为浮屠，资斧困绝，不能行。寓庐至数月不举火，日以百钱市麦饼以自度，衣被三年不浣。困阨如此，而德操弥厉。其授人国学也，以谓国不幸衰亡，学术不绝，民犹有能观感，庶几收硕果之效，有复阳之望。故勤勤恳恳，不惮其劳，弟子至数百人。①

章太炎的另一位弟子，也是章太炎在东京讲学时的门生许寿裳回忆道：

> 先生东京讲学之所，是在大成中学里一间教室。寿裳与周树人（即鲁迅）、作人兄弟等，亦愿往听。然苦与校课时间冲突，因托龚宝铨（先生的长婿）转达，希望另设一班，蒙先生慨然允许。地址就在先生的寓所—牛込区二丁目八番地民报社。每星期日清晨，前往受业，在一间陋室之内，师生席地而坐，环一小几。先生讲段氏《说文解字注》、郝氏《尔雅义疏》等，神解聪察，精力过人，逐字讲

---

① 《章太炎全集》（第16卷），第10—11页。

释，滔滔不绝，或则阐明语原，或则推见本字，或则旁证以各处方言，以故新义创见，层出不穷。即有时随便谈天，亦复诙谐间作，妙语解颐，自八时至正午，历四小时毫无休息，真所谓"诲人不倦"。其《新方言》及《小学问答》两书，都是课余写成的。即体大思精的《文始》，初稿亦起于此时。这是先生东京讲学的实际情形。同班听讲者是朱宗莱、龚宝铨、钱玄同、朱希祖、周树人、周作人、钱家治与我，共八人。前四人是由大成再来听讲的。其他同门尚甚众，如黄侃、汪东、马玉（裕）藻、沈兼士等。[1]

许寿裳所提及的"另设一班"，即王宁先生所言的"民报特别班"。1944年2月，在许寿裳致林辰的信中，他称之为"特别开一班"："章先生慨然允许于星期日特别开设一班"，"我们听讲虽不满一年，而受益则甚大。"[2]与许寿裳同学的周作人亦有相关回忆：

一间八席的房子，当中放了一张矮桌子；先生坐在一面，学生围着三面听，用的书是《说文解字》，一个字一个字地讲上（下）去，有的沿用旧说，有的发挥新义，干燥的材料却运用说来很有趣味。太炎对于阔人要发脾气，可

①许寿裳：《章太炎传》，江西教育出版社2019年版，第45页。
②许寿裳：《致林辰》，1944年2月，见《新文学史料》1983年第二辑《许寿裳先生书简抄》。

是对青年学生却是很好，随便谈笑，同家人朋友一般。夏
天盘膝坐在席上，光着膀子，只穿一件长背心，留着一点
泥鳅胡须，笑嘻嘻地讲书，庄谐杂出，看去好像是一尊庙
里哈喇菩萨。

其中，钱玄同、朱希祖、周树人（即鲁迅）均留下了当时
的听课笔记。2008 年，王宁先生领导团队，将这些珍贵的笔记
整理成《章太炎说文解字授课笔记》并公开出版。

1913 年 12 月 9 日，章太炎在北京化石桥共和党本部开设国
学讲座，这是他第二次公开讲授"国学"。他所讲授的课程包括
经学、史学、玄学和子学，吸引了众多在京高校师生及社会知
名人士，听众人数超过百人。在章太炎被软禁于北京钱粮胡同
的两年间，他的弟子吴承仕频繁前往探望并求教，章太炎特别
以佛教唯识论为主体，将其与中国传统哲学如老庄、孔孟等儒、
道、易、玄、理学等进行比较和融合，讲给吴承仕听。这是专
门给吴承仕一个人讲授的。

章太炎第三次讲授"国学"是在上海。1922 年 4 月 1 日至 6
月 17 日，应江苏教育会的邀请，章太炎在上海公开讲授国学，
讲授内容随后在《申报》上公开发表。《申报》预告的目录如下：

次数	日期	讲题	备注
一	4月1日	国学大概——国学之自体	
二	4月8日	国学大概（续前）——治国学之方法	

次数	日期	讲题	备注
三	4月15日	国学大概(续前)——国学之派别	
四	4月22日	国学大概——国学之派别	
五	4月29日	国学大概——经学之派别	
六	5月6日	哲学之派别	
七	5月13日	哲学之派别(续)	
八	5月27日	文学之派别	
九	6月10日	文学之派别(续)	原定6月3日演讲,因故改在本日
十	6月17日	国学之进步	

曹聚仁以学生的身份听了此次演讲。他后来回忆说：

那时，我只有二十一岁，在上海盐商吴家教书。有一天，看见职业教育社请章太炎师公开讲演国学，由沈恩孚主催。在我来说，这是千载难逢的机会，章师乃是一代的古文学大师。这一串讲演，逢星期六下午举行，共讲了十回，每回二小时。第一回，有一千多人与会，济济一堂。第二回，听者不到一百人。其后越来越少；有一回，只有二三十人；结束的那一回，才七八十人。一因章师的余杭话，实在不容易懂；二则，他所讲的国故课题，对一般人已经太专门了。社方派了两位专人在讲台上作笔记，从

《申报》上所发表的讲稿看来，他们的国学常识实在太差，错误百出，只好停止刊载了。邵先生看了我的记录稿，颇为满意，就在他所主编的《觉悟》上连载了。[①]

曹聚仁的记录在当年11月由上海泰东图书馆铅字排印，并以《国学概论》为题出版。此外，张冥飞笔述的《章太炎先生国学讲演集》也在1924年由平民出版局出版。

章太炎先生第四次讲授"国学"课程，地点是在苏州。

1932年9月，章太炎应邀前往苏州进行为期约一个月的讲学，其间他发表了多场演讲，有《读史与文化复兴之关系》《"经义"与"治事"》《〈儒行〉要旨》《〈大学〉大义》《〈孝经〉〈大学〉〈儒行〉〈丧服〉余论》《文章流别》《尚书大义》《诗经大义》等。1933年1月，苏州国学会成立，章太炎是参与者之一。两个月后，章太炎前往无锡，在无锡国学专门学校等讲授《国学之统宗》《历史之重要》《春秋三传之起源及其得失》《适宜今日之理学》等。到了1934年冬天，由于与苏州"国学会"的宗旨出现分歧，章太炎的弟子们在苏州另行成立了"章氏国学讲习会"，并创办了《制言》杂志。章太炎本人对办学的经过和宗旨进行了如下叙述：

余自民国二十一年返自旧都，知当世无可为，讲学吴

中三年矣。始曰国学会，顷更冠以章氏之号，以地址有异，且所招集与会者，所从来亦不同也，言有不尽，更与同志作杂志以宣之，命曰《制言》，窃取曾子制言之义。①

"章氏国学讲习会"自 1935 年 9 月 16 日起，每周举行一次讲演，同时每周诵读一次经文。讲授的课程包括《诸子略说》《文学略说》《小学略说》《经学略说》以及《史学略说》等。1936 年 6 月，章太炎不幸病逝，章太炎夫人汤国梨与学生共同将其讲授内容整理成册，分别以《国学略说》《国学讲演录》的书名出版。

章太炎的每一次讲学活动都引起了广泛的社会关注。1908 年在日本的讲学，据黄侃回忆，吸引了数百名听众。1916 年在北京讲学时，京师高校的师生以及社会知名人士，包括后来成为著名历史学者的顾颉刚、毛子水、金毓黻等，都纷纷前往聆听。1922 年 4 月 1 日至 6 月 17 日，在上海的国学讲座，最初几场座无虚席，以至于因为原定场地过于狭小，不得不数次更换更大的场地。晚年在苏州国学会开讲时，除了苏州本地的学者，来自上海、杭州、南京等地的学者也纷纷前往。其中包括学者教授、各大学讲师、中学教师，以及中文系的学生等，"听者近五百人，济济一堂，连窗外走廊等地，也挤满了人。各省来学

①《章太炎全集》（第 9 卷），第 166 页。

者，寄宿学会内者，有一百余人，盛况空前"。[1]

　　尽管章太炎的国学演讲在不同的地点举行，时间跨度近20年，听众的年龄也各不相同，但演讲的核心宗旨始终如一。1906年在东京发表的《国学讲习会序》明确阐述了"国学"的定义："国学"是国家成立的根本源泉，代表了一国的传统学问；国学的繁荣与国家的兴衰息息相关：未听说过国学不兴盛而国家能独立自主，也未听说过国学衰亡而国家依然屹立不倒。不了解国学，就等同于不爱国。不懂国学者，无以言爱国。中国拥有悠久的历史和灿烂的文明，以儒家文化为核心的传统文化正是"国学"的精髓，它既区别于西方文化，也不同于国内少数民族的文化。要真正爱国，就必须了解并掌握"国学"。1922年，上海的一场讲学活动，《申报》进行了如下介绍："自欧风东渐，竞尚西学，研究国学者日稀，而欧战以还，西国学问大家来华专事研究我国旧学者，反时有所闻，盖亦深知西方之新学说或已早见于我国古籍，借西方之新学，以证明我国之旧学，此即为中国文化沟通之动机。同人深惧国学之衰落，又念国学之根柢最深者，无如章太炎先生，爰特敦请先生莅会，主讲国学"。[2]1936年，苏州章氏国学讲习会的宗旨明确为"研究固有文化、培养国学人才"。这是章太炎讲习"国学"的初衷。

　　鉴于"国学"的根基在于传统的儒家文化，掌握"国学"必

---

① 陈平原、杜玲玲编：《追忆章太炎（修订本）》，生活·读书·新知三联书店2009年版，第300页。

② 《省教育会请章太炎讲国学》，载《申报》，1922年3月29日。

须从研读国学经典开始。阅读国学著作首先需要识字，而识字则应从音韵训诂学入手，这样才能真正理解国学的精髓，进而传承和弘扬民族的历史文化。通过传统文化的力量振兴民族精神，激发民众的爱国情怀。1906 年章太炎在东京留学生欢迎会上所言"用国粹激动种姓，增进爱国的热肠"，正是这个意思。章太炎的弟子曹聚仁在回忆 1922 年的国学讲习会时说：

> 任在何时何地的学者，对于青年们有两种恩赐：第一，他运用精利的工具，辟出新境域给人们享受；第二，他站在前面，指引途径，使人们随着在轨道上走。因此可以说：学者是青年们的慈母，慈母是兼任饲育和扶持两种责任的。太炎先生是当代的学者，我们读他所著的《文始》《国故论衡》《齐物论释》《新方言》《小学问答》书，就可明白他辟出多少灿烂的境地！先生以前在东京、北京，这次在上海，把国学为系统的讲明，更可见他对于青年们扶掖的热忱。我在听了讲演以后，心里自然有无限的感激，所以不计工拙，把先生的话记出。并且看到青年们有求知的热狂，而因时地关系没能亲聆这次讲演的很多，所以又把记录的稿印出，希望传播得比较的普遍些。①

---

① 章太炎演讲、曹聚仁整理：《国学概论·小识》，上海古籍出版社 1997 年版，第 1 页。

　　章太炎的一生中，究竟有多少弟子？晚年章太炎在苏州刻印了《弟子录》。1933 年 3 月 20 日，他在给钱玄同的信中提道："《弟子录》去岁已刻一纸，今春又增入数人，大抵以东京学会为首，次即陆续增入，至近岁而止。其间有学而不终与绝无成就者，今既不能尽记姓名，不妨阙略。所录约计五十人左右，然亦恐有脱失也。"①然而，这个名单中并未包括鲁迅、许寿裳、钱均甫、朱蓬仙等人，也没有章太炎的长婿龚宝铨，甚至连国学讲习会的发起人董修武、董鸿诗等也不在列。这让钱玄同感到困惑，他在 1933 年 7 月给周作人的信中，怀疑章太炎的这份名单是否有"微言大义"。后来章太炎解释说，这份名单是根据记忆所及而列出的，别无他意。1935 年 5 月 22 日，章太炎在给钱玄同的信中表示，《弟子录》存在许多遗漏，应当补充。在同月 27 日给吴承仕的信中，他也表达了同样的意思。1936 年 4 月 20 日，钱玄同曾写信给章太炎，建议编纂一本更完整的《章氏弟子录》：

　　　　窃思三十年来，著弟子籍者甚多，但师讲学多次，异时异地，其同时受业者，已多散处四方，音书辽绝。至于时地不同者，彼此互睹姓名而不知为同门者盖甚夥。鄙意似宜先在南北大报上登一通告，属各人开列姓名、字、年岁、籍贯，何年在何处受业，现在通讯处，及现在在何处

①《章太炎全集》（第 12 卷），第 225—226 页。

任事各端，并定一表格，使之照填，集成目后，刊《章氏弟子录》一册。如此，不但便于通讯，且可使先后受业诸人互悉某某为同门，不知尊意以为然否？①

钱玄同的提议显然得到了章太炎的重视。不久之后，章太炎向他的弟子们发布了一则通告：

余讲学以来，几四十年，及门著籍，未易偻指，而彼此散处四方，音书辽绝，难收攻错之攻。近余设教吴中，同学少年，佥以集会为请。余惟求声应气，前哲所同；会友辅仁，流风未替。况余衰耄，来日无几；岁时接席，岂可久疏？因拟草约四条，以为集会之原则。凡我同人，如以此议为然，希于五月一日前开示最近住址，以便通讯，共商进行之宜。

附会约四条：

一、由及门弟子组织一学会；

一、每年寒假、暑假各举行大会一次；

一、每次大会征集会员治学心得，发行会刊；

一、会章由会员共订之。②

---

① 钱玄同：《致章太炎》，载《制言》第16期，1936年5月1日。

② 《章太炎全集》（第13卷），第1126—1127页。

这个计划应该没来得及实现，因为1936年6月14日，章太炎就去世了。同月，章氏国学讲习会刊印了一份《章氏国学讲习会同人通讯录》，共收录包括章太炎、汤国梨夫妇在内的师生78人：

教员7人：朱希祖、马宗芗、王謇、黄朴、王乘六、孙世扬、诸祖耿。

学生71人：汪柏年、李源澄、庄钟祥、皇甫权、丁邦寿、方兆有、王基乾、王希革、王守直、文玉笙、任启圣、李恭、李谦光、李朝汉、李恕一、李澍东、李朝蓉、何世建、吴顺理、吴正清、周韬、周云生、金德建、金玉璇、柳景惠、茅荫熙、姚豫泰、柏耐冬、孙居基、徐风陶、徐绪昌、徐善同、夏继学、章谦、章本兴、唐继鼎、陈兆年、陈鸿佐、陈实秋、陈炎、黄大本、黄士本、黄德余、张瑞麟、张斯翼、曹依仁、汤炳正、杨贞官、杨贡官、叶芳炎、叶建平、叶竞耕、贺永春、冯超、葛幼圃、傅平骧、赵意诚、赵树安、楼仁爱、熊训初、郑弗言、刘济生、刘一化、卢闵尘、罗茂金、罗绮、罗崇让、顾日辰、顾义骏、顾家书、林照。

这显然也不是章太炎所有弟子的完整名单。根据现代学者的统计，章太炎的弟子总数多达180人。[①]章太炎学派就是由这数以百计的章门弟子组成的。他们以章太炎为宗师，从音韵训诂入手，致力于研究和传承"国学"，旨在通过传统文化的振兴

---

① 张联：《"章门弟子"考》，载《鲁迅研究月刊》2021年第9期。

来复兴民族，形成了一个具有共同学术追求的群体。

二、章太炎的主要弟子

章太炎在中国近代史上的影响不言而喻。章门弟子的影响，主要在辛亥革命及其后二十年间，核心成员主要是他在日本讲学时期的学生。章太炎曾评价他的早期弟子说："弟子成就者，蕲黄侃季刚、归安钱夏季中、海盐朱希祖逷先。季刚、季中皆明小学，季刚尤善音韵文辞；逷先博览，能知条理。其他修士甚众，不备书也。"①

黄侃（1886—1935），原名乔馨，字季刚，晚号量守居士，湖北蕲春人。1907年秋，他开始追随章太炎，并为《民报》撰写了《哀太民》《哀太平天国》《专一之驱满主义》等具有革命性质的文章。1914年之后，他放弃了政治学研究，转而进入文字学、声韵学、训诂学以及文学领域，并取得了显著成就。黄侃作为章太炎最为看重的弟子，与章太炎并称"乾嘉以来小学的集大成者"和"传统语言文字家的承前启后人"，是"章黄学派"的奠基人。黄侃生前的学术著作不多，主要是一些手批和简短的文章，后世学者整理出版了《黄季刚先生遗书》《黄侃论学杂著》《说文笺识四种》《文字声韵训诂笔记》《黄侃手批尔雅义疏》《黄侃手批说文解字》《黄侃手批白文十三经》《文心雕龙札记》《黄侃声韵学未刊稿》等作品。此外，还有《黄侃日

_____

① 《章太炎全集》（第11卷），第763页。

记》《黄侃年谱》《量守庐学记》等流传于世。

钱玄同（1887—1939），原名钱夏，字德潜，号疑古，浙江吴兴（今浙江湖州）人。在日本留学期间，钱玄同曾在帝国教育会及大成中学聆听章太炎的讲学。1908 年，他成为章太炎在东京创办的"《民报》特别班"主要学员之一，其间为章太炎抄写过《新方言》和《小学答问》。1910 年 5 月，钱玄同回国，在浙江担任中学教员。1913 年，他受聘为国立北京高等师范学校历史地理部及附属中学的国文、经学教员，不久兼任北京大学预科文字学教员，在文字学和音韵学领域与黄侃齐名。1918年起，钱玄同担任《新青年》编辑，积极倡导"新文学"和"新文化运动"，是新文化运动倡导者之一。他的著作包括《文字学音篇》《音韵学》《重论今古文学问题》《说文部首今读》《古音无"邪"纽证》《古韵二十八部音读之假定》《国音沿革讲义》等。

朱希祖（1879—1944），字逷先，浙江海盐人。1908 年，他在东京师从章太炎，专攻经学、子学及音韵训诂学，是"《民报》特别班"的一员。后来，他的研究兴趣转向南明史和戏曲。1909 年，朱希祖回国，与鲁迅等人同在浙江两级师范学堂任职。1913 年起，他担任北京大学预科教授、史学系主任、研究所国学门导师，以及清华大学史学系教授等职。1929 年，他发起并成立了中国史学会，并被选为主席。朱希祖对北京大学历史学科的创建以及中国史学史学科教育体系的建立与发展做出了重要的贡献。著有《中国史学通论》《汲冢书考》《明季史料题跋》《史馆论议》等。后人整理出版了《朱希祖先生文集》《朱希祖文存》《南京图书馆藏朱希祖文稿》等。

根据汪东在《寄庵谈荟》中的记载，章太炎晚年居住在苏州时，曾幽默地将门下弟子封为"四王"。其中，黄侃为"天王"，钱玄同为"翼王"，汪东为"东王"，吴承仕为"北王"。

汪东（1890—1963），原名汪东宝，字旭初，号寄庵，别号寄生，江苏吴县（今苏州）人。1904年，他前往日本留学，并担任《民报》编辑。1908年，他拜章太炎为师，学习文字学，并成为东京"《民报》特别班"的学员。1910年，他回国参与江苏光复活动。1912年，他担任《大共和报》撰述，并加入"南社"，以对抗北洋政府。1923年，他与章太炎等人在上海共同创办了《华国月刊》。从1927年起，他先后担任中央大学中文系主任、文学院院长，以及复旦大学中文系教授。汪东著述丰富，涉猎广泛，尤其擅长词作，有《梦秋词》20卷流传于世。后人编辑出版了《汪东文集》（河南文艺出版社，2015年）。

吴承仕（1884—1939），字检斋，安徽歙县人。17岁中秀才，18岁中举人，23岁参加举贡会考，荣获一等第一名。1915年，章太炎遭袁世凯软禁期间，吴承仕不仅送衣送饭，恪守弟子之礼，还整理了章太炎口述的经学玄理，编纂成《蓟汉微言》一书，声名鹊起。他曾担任北京师范大学中文系主任，中国大学国学系主任，并在多所大学如北京大学、东北大学和民国大学兼任教授。1936年，吴承仕加入了中国共产党。他精通音韵训诂及古代名物制度，成就斐然，是章太炎最杰出的弟子之一。吴承仕著作丰富，有《经学通论》《经典释文序录疏证》《国故概要》《周易提要》《尚书三考》《三礼名物略例》《三礼名物笔记》《经籍旧音序录》《经籍旧音辨证》《小学要略》《六书条例》《说文讲疏》《淮南旧注校理》《论衡校释》等多部作品。1936年，章太炎邀请吴承仕前往苏州国学讲习会讲授三礼。

除了"四大天王"之外，民间还有"八大金刚"的说法，指的是东京"《民报》特别班"的八位杰出学员。除了上述黄侃、汪东外，还有许寿裳、周树人、周作人、钱家治、龚宝铨和朱宗莱六人。

许寿裳（1884—1948），字季茀，号上遂，浙江绍兴人。1902年，他凭借官费留学生资格前往日本深造，1908年加入光复会并成为章太炎的弟子。1909年，他学成归国，担任浙江两级师范学堂的教务长。1912年，应教育总长蔡元培的邀请，许寿裳任职于教育部，并同时在北京大学和北京高等师范学校担任教授。从1917年开始，他历任江西省教育厅厅长、教育部编辑、北京女子高等师范学校校长等职。1925年，因支持北京"女师大风潮"，遭到北洋政府的通缉，转而到中山大学担任教授。1928年，应蔡元培的邀请，他担任国民政府大学院秘书长。1934年，他成为北平大学文理学院院长。1937年后，他先后担任西北联大史学系主任、商学院院长、国文系教授以及华西大学教授等职。1946年夏天，他出任台湾省编译馆馆长。1947年，任台湾大学教授兼国文系主任。不幸的是，1948年2

月 18 日，他在台北的寓所遭到暗杀。许寿裳著有《章炳麟传》《俞樾传》《鲁迅年谱》《亡友鲁迅印象记》《中国文字学》等。其中，《章炳麟传》是现代中国第一部章太炎评传。

周树人（1881—1936），初名周樟寿，后更名周树人，字豫山，亦字豫才，笔名鲁迅。浙江绍兴人。1902 年，他以公费生身份前往日本弘文学院留学。1908 年，他拜章太炎为师，学习《说文解字》等课程，是"《民报》特别班"的一员。1909 年，周树人回国，先后任教或任职于浙江两级师范学堂，教育部佥事兼北京大学、北京师范大学、北京女子师范大学讲师，厦门大学教授，中山大学文学系主任兼教务处主任等，是新文化运动的重要参与者，也是中国现代文学和学术界的重要人物。周树人著述颇丰，有《中国小说史略》《汉文学史纲要》《呐喊》《彷徨》《朝花夕拾》《野草》等。后人编纂有《鲁迅全集》。所著《关于太炎先生二三事》和《因太炎先生而想起的二三事》，称颂章太炎为"有学问的革命家"，对章太炎的评价至今仍具有深远影响。

朱宗莱（1881—1919），字蓬仙，浙江海宁人。1904 年入日本早稻田大学习文科，1908 年成为章太炎的弟子，是"《民报》特别班"成员。1910 年，他自日本学成归国，担任浙江省立第二中学的国文教师。1916 年，应浙江省民政厅厅长林文庆之邀，担任浙江省民政厅秘书一职。1917 年，他在北京大学任职。朱宗莱著述颇丰，有《蛰庐读书记》《逸史徂》《说文叙补注》《许叔重重文表》《文字学·形义篇》以及《转注释例》等作品。

　　周作人（1885—1967），原名周櫆寿，亦称周奎绶，后更名周作人，字星杓，别号启明、启孟、起孟，笔名遐寿、岂明，自号知堂，浙江绍兴人，鲁迅（周树人）胞弟。1906年东渡日本留学，1908年成为章太炎门下弟子，是"《民报》特别班"成员。1911年学成归国，担任绍兴中学英文教师。1912年转任浙江省教育司视学，不久后又成为浙江省立第五高级中学英文教师。1917年，他被任命为北京大学附属国史编纂处编纂。1918年，他成为北京大学教授，并创立了北京大学东方语言文学系，担任系主任。周作人是中国现代杰出的作家、学者，中国民俗学的奠基人，新文化运动的重要参与者。著有《知堂回想录》《雨天的书》《苦茶随笔》《谈龙集》《谈虎集》等。1919年，任教育部国语统一筹备会会员，与马裕藻等五位北大教员联名提出《请颁行新式标点符号议案》。1922年，他与钱玄同等任国语统一筹备会汉字省体委员会委员。1926年，他仿效章太炎当年的"谢本师"之举，撰写了《谢本师》一文，与章太炎决裂。

　　钱家治（1882—1969），别名均夫，浙江杭州人，是著名科学家钱学森的父亲。1899年，他考入求是书院深造。1902年，获得官费留学生资格，前往东京弘文学院继续学习。1908年，他拜章太炎为师，是"《民报》特别班"的一员。同年，他返回祖国，在浙江两级师范学堂担任教职。1910年，他被任命为浙江省立第一中学校长。1914年，他前往北京，任职于北洋政府教育部，1917年兼任教育部普通教育司第三科科长。1928年，他成为南京国民政府教育部普通教育司的一等科员。1929年，他担任浙江省教育厅督学，后转任秘书。1934年因病辞职。1937年11月后，寓居上海。著有《名学》《西洋历史》等。

龚宝铨（1886—1922），字未生，号味荪，浙江秀水（今属嘉兴）人，章太炎的长婿。1902年东渡日本，投身革命事业。1904年，他与沈瓞民、陶成章等人在日本共同成立了"浙学会"。同年11月，他回国后，在上海组织了"暗杀团"，并与蔡元培、陶成章在上海共同创建了光复会。1905年，他再次前往日本，并加入了同盟会。1908年，他师从章太炎学习，成为"《民报》特别班"的一员。1912年，陶成章遇刺后，深受打击，逐渐退出了政坛。同年，任浙江图书馆馆长。1912年2月，与马裕藻、钱玄同、朱宗莱、沈兼士、范古农、朱希祖、沈钧业、张传梓、张传（王贯）等章太炎的弟子们共同发起了"国学会"，并邀请章太炎担任会长。1915年4月，携夫人章㛮、妻妹前往北京探望被软禁的章太炎。在担任浙江图书馆馆长期间，他刊印了章太炎的《章氏丛书》。

三、章门弟子的影响

张舜徽在《清人文集别录》中指出："清末以迄民初，文科主要由桐城派林纾、马其昶、姚永任讲习。其后，章炳麟（太炎）之学兴，海内治国故者，奉为大师，林、马、姚诸人咸去大学，而章氏之门生、朋友代之，学风遂一变。"①

　　1912年5月，京师大学堂更名为北京大学。当时的校长是严复，他致力于推广西方学术，导致传统"中学"研究基础相对薄弱。严复亲自兼任文科学长，聘请姚永概作为文科教务长。姚永概（1866—1923），字叔节，号幸孙，安徽桐城人，是桐城派著名作家姚莹的孙子、古文家姚永朴的弟弟。当时在北京大学任职的还有姚永朴、张裕钊、吴汝纶、马其昶、范当世等，均为桐城派学者。推崇桐城派，以翻译小说闻名的林纾也在北大担任教职。桐城派学者在北京大学文科中占据了举足轻重的地位。1912年12月，诸暨人何燏时（字燮侯）出任北京大学校长。1914年1月，时任北京大学预科学长及工科学长的胡仁源继任北京大学校长，聘请夏锡祺为文科学长，沈尹默、马裕藻、沈兼士、钱玄同等浙江人陆续被聘为北京大学教授，章门弟子逐渐成为北大文科教学与科研中的主流。

　　最早踏入北大的章门弟子是沈尹默。1913年2月，湖州人沈尹默受聘成为北大教授。尽管他未曾直接师从章太炎，但沈尹默仍被视为首位被北大聘为教授的章门弟子。沈尹默后来回忆道：

　　　　当时，太炎先生负重名，他的门生都已经陆续从日本回国，由于我弟兼士是太炎门生，何、胡等以此推论我必

―――――――――――

① 张舜徽：《清人文集别录》，中华书局1963年版，第640页。

然也是太炎门下。其实，我在日本九个月即回国，未从太炎受业……我当时也就无法否认，只好硬着头皮，挂了太炎先生门生的招牌到北京去了。[1]

根据沈尹默的回忆，他之所以能被聘为北大教授，主要是因为沾了章太炎的光，但他并未直接师从章太炎。当然，他作为留日学生和浙江人的身份也是原因之一。1916年末，胡仁源辞职，蔡元培接任北京大学校长一职，周作人、周树人等也相继加入了北大。章太炎学派逐渐取代了桐城派，成为北大文科的主导力量。以至于时任北京大学外文系教授的陈西滢曾以"某籍某系"暗讽之。对此，沈尹默在其回忆录《我和北大》中毫不忌讳地说："蔡先生的书生气很重，一生受人包围……到北大初期受我们包围（我们，包括马幼渔、叔平兄弟，周树人、作人兄弟，沈尹默、兼士兄弟，钱玄同，刘半农等，亦即鲁迅先生作品中引所谓正人君子口中的某籍某系）"[2]沈尹默提及的马裕藻、马衡、周树人（鲁迅）、周作人、沈尹默、沈兼士、钱玄同、刘半农等人，除了刘半农外，其他人都是浙江同乡。其中，马裕藻、周树人、沈兼士、钱玄同更是章太炎在日本东京国学讲习会的弟子。马裕藻还兼任了北大国文系主任的职务。

---

① 陈平原、夏晓虹编：《北大旧事》，生活·读书·新知三联书店1998年版，第164—165页。

② 陈平原、夏晓虹编：《北大旧事》，生活·读书·新知三联书店1998年版，第171页。

据说，1920 年 4 月 13 日，北京大学国文系教授会召开会议，总共 15 位教授，其中 13 位出席，马裕藻以 11 票的压倒性优势当选为系主任，并一直担任此职至 1934 年。朱希祖 1918 年任北京大学中国文学系主任，教授中国文学史，不久兼任史学系主任。1924 年，北京大学评议会由 16 位成员组成，其中沈氏三兄弟均担任评议员。章门弟子在北京大学占据主导地位，这一点毋庸置疑。不仅如此，自民国成立以来，章太炎的门生在教育部和教育界中声望也非常显赫。1926 年 3 月 4 日，新成立的女师大选举产生了由 12 名男性组成的校评议会，11 位当选评议员中，章太炎弟子许寿裳、鲁迅、马裕藻在列。在 9 名国文学科教授中，有 5 人是章太炎的弟子（马裕藻、鲁迅以及沈氏三兄弟）。1932 年 2 月，章太炎前往北平进行讲学，轰动一时，与章门弟子在北京学界的强势有极大关系。

（一）构成新文化运动的基本班底

始于 1915 年的新文化运动，是中国近代史上最为重要的事件之一。该运动高举民主与科学的旗帜，对封建专制制度及其思想文化进行了猛烈的抨击，极大地促进了中国人民，尤其是知识青年的觉醒，为马克思主义在中国的传播铺平了道路。新文化运动的核心人物包括陈独秀、李大钊、胡适、鲁迅、蔡元培以及钱玄同和周作人，其中鲁迅、钱玄同、周作人三位均为章太炎的弟子。这一时期也正是章门弟子在北大具有强势话语权的时期。除了鲁迅、钱玄同、周作人，黄侃、朱希祖等章门弟子也进入了北大的任职，章太炎的另一位高足许寿裳也随着南京政府教育部搬迁到北京。北京成为新文化运动的大本营，章门弟子构成了新文化运动的基本班底。

在章门弟子中，钱玄同对新文学阵营的支持最为显著。据不完全统计，钱玄同在《新青年》杂志上发表的文章数量高达69篇，内容主要涵盖了文学革命、推广世界语、汉字简化、批判封建伦理以及反对孔教等多个方面，在当时产生了深远的影响。黎锦熙在《钱玄同传》中提到："在《新青年》上，惟有钱玄同的说话最大胆，最不怕，最痛快淋漓，最使人兴奋，所以要推他为新文化运动揭幕的一人。"①胡适的著名作品《文学改良刍议》一经完成，便获得了钱玄同的肯定与支持。晚年胡适回忆道："钱氏原为国学大师章太炎（炳麟）的门人。他对这篇由一位以留学生执笔讨论中国文学改良问题的文章，大为赏识，倒使我受宠若惊。"②"钱玄同教授则没有写什么文章，但是他却向独秀和我写了些小批评大捧场的长信，支持我们的观点。这些信也在《新青年》上发表了。钱教授是位古文大家，他居然也对我们有如此同情的反应，实在使我们声势一振。"③

---

① 王智、郭德宏主编：《知识分子与近代中国社会》，湖北人民出版社2009年版，第627—641页。

② 胡适口述、唐德刚译注：《胡适口述自传》，华东师范大学出版社1993年版，第151页。

③ 胡适口述、唐德刚译注：《胡适口述自传》，华东师范大学出版社1993年版，第152页。

在新文化运动期间，鲁迅的《狂人日记》的意义已为人们熟知。然而，鲜为人知的是，正是钱玄同的直接推动，促成了这部作品的诞生。钱玄同与鲁迅同出一门，但在新文化运动兴起之前的多年间，他们之间的交流甚少。随着新文化运动的兴起，钱玄同利用与同门师兄弟的良好关系，不断说服了原本保持沉默的北大教授们，加入到《新青年》的阵营中。正是钱玄同的主动邀请，使鲁迅得以加入《新青年》中，并从此一发不可收拾，创作了许多脍炙人口的作品，成为新文化运动的大将。在新文化运动遭遇低潮时，许寿裳担任北京女子师范大学校长，邀请鲁迅、周作人等前往女师大授课，为他们提供了另一种形式的支持。朱希祖、沈尹默等学者也明确表示支持白话文运动。从同一个学派的角度来看，正是章门弟子间的相互扶持与鼓励，为彼此提供了战斗的力量和生活的信念，同时也极大地促进了新文化运动的进程。

（二）筹建北京大学国学门

1920 年 7 月，北京大学评议会作出决议，对原有的研究所进行改组，将其整合为四门。在这一过程中，章太炎的弟子马裕藻和沈兼士受校长蔡元培之托，负责筹备建立国学门。1922年 1 月，国学门的筹备工作宣告完成，并于 1 月 17 日正式成立。2 月 11 日，北京大学评议会通过了《研究所国学门委员会全体委员名单》，蔡元培兼任研究所所长、委员会主任，章太炎弟子沈兼士被选为国学门的第一任主任兼委员，国文系主任马裕藻、史学系主任朱希祖、国文系教授钱玄同和周作人等也被选为委员。章门弟子在委员会中占据5席，超过了委员总数的一半。这一情况表明，在北京大学国学门成立之初，章门弟子占据了主导地位。

北大国学门是现代中国首个国学研究机构，自成立之日起便高举"以科学方法整理国故"的旗帜，借助新文化运动的东风，在学术界迅速崭露头角。得益于北大国学门的引领，全国各地纷纷兴起创建国学研究机构和团体的热潮，先后出现了东南大学国学研究院、清华国学院、厦门大学国学研究院等，这些机构不仅推动了中国文化研究的深入，也为培养国学人才树立了典范。在这一过程中，章门弟子的贡献不可或缺。例如，北大国学门助教顾颉刚发起了"古史辨"运动，并计划出版《国故丛书》，胡适也策划出版《北京大学国故丛书》和《北京大学国故小丛书》，均得到了章门弟子的大力支持。钱玄同更是成为古史辨派的主要代表之一，与顾颉刚共同致力于古书辨伪研究，为中国现代史学的发展作出了重要贡献。尽管其他章门弟子在个人学术观点上可能并不完全赞同顾颉刚的古史辨派，但他们并未采取激烈反对的态度，总体上还是对古史辨派持支持立场。

（三）推动国语运动发展

"国语运动"和"白话文运动"是新文化运动时期中国语文变革的两翼。白话文运动旨在革新现代书面语言，摒弃文言文，转而使用白话文，实现"言文一致"；国语运动则专注于推广标准语，弥合方言间的隔阂，以谋求语言的统一。早在清末，一些有远见的学者就已意识到中国各地方言的多样性，导致了沟通上的障碍。他们认为，不同省份的人们语言不通，几乎像是不同的民族，甚至在同一个省份内，方言的差异也使得人们难以相互理解，这在办事时常常引起抵触。因此，他们提出了"使天下语音一律"和"不可使语言参差不通"的主张，以"启迪民智"。①这一主张得到了清政府的支持。1903年，学部颁布《奏定学堂章程》，规定以"官音"作为全国统一的语言。1911年8月，学部中央教育会议通过了"统一国语办法案"，确立了以北京语音为国语标准，规定了拼音的制定原则与方法，并明确了推广国语的多项措施。

与此同时，革命派为了唤醒民众、宣传排满，也主张统一全国语言。章太炎就提出："今天种族之分合，必以其言辞异同为大齐。"②"今各省语虽小异，其根柢固大同。若为便俗致用计者，习效官音，虑非难事"③，提倡语言统一。在国语运动中，章太炎弟子，朱希祖、马裕藻、钱玄同、周作人，都是国语运动的热心分子。其中钱玄同贡献更大。

1. 创立注音字母。

章太炎是文字学大家，非常重视音韵训诂的作用。周作人

---

① 文字改革出版社编：《清末文字改革文集》，文字改革出版社1958年版，第29页。

② 《章太炎全集》（第3卷），第205页。

③ 《章太炎全集》（第8卷），第355页。

曾评价章太炎对中国文化的贡献，说他在文字音韵学领域成绩最大，其成就远超其他领域。在多次讲学活动中，章太炎总是以音韵训诂为根基，首先讲授的便是小学。因此，他的弟子大都在小学方面有所建树，其中不乏文字音韵学领域的专家。黄侃是其中的佼佼者，后来在小学领域与章太炎一起被称为"章黄国学"。在国语运动中，章太炎曾制定纽文三十六，韵文二十二，采用古文篆籀的简化形式，作为标音符号，取代传统的切字旧谱。1912 年 8 月 7 日，民国教育部通过了《采用注音字母案》，决定采用注音字母来解决读音问题。同年 12 月 2 日，教育部成立了读音会筹备处，并任命吴稚晖为筹备会主任，开始筹备"读音统一会"。

1913 年 2 月 15 日，"读音统一会"召开会议，讨论并制定统一的注音方案。出席会议的代表中，有章太炎的弟子朱希祖、马裕藻、许寿裳、周树人、钱稻孙。在会上，会员们展开了激烈的辩论，意见分歧显著。有的主张采用古音，有的支持今音，甚至有人提议彻底废除汉字，模仿外国的拼音方法，创造一套新的体系。聚讼纷纭，莫衷一是。朱希祖提出了以章太炎所定的古文篆籀经省略形式为字母的方案。这个方案不仅采纳了古文的形态，还符合了本音。他提议的声母为 42 个，韵母为 12 个，介母为 3 个，名为"注音字母"。朱希祖写出议案，联合马裕藻、周树人、许寿裳、钱稻孙、陈浚共同署名。在 45 位到会会员的投票中，朱希祖的议案以 29 票赞成的结果获得通过。当时，章太炎正担任东三省筹边使，驻扎在东北。得知此事后，他非常高兴，给朱希祖写信表示："闻以读音统一会事入京，果为吾道张目，不胜欣跃。"[1]许寿裳后来在《章太炎传》中说到：

> 现今常用注音符号，亦系发源于先生。先生说切音质用，只在笺识，令本音画然可晓。故曾定纽文为三十六，韵文为二十二，皆取古文篆、籀径省直形，以代旧谱。到民国二年，教育部召集"读音统一会"。开会的时候，有些人主张用国际音标，有些人主张用清末文字，各持一偏，争执甚热烈。而会员中，章门弟子如胡以鲁、周树人、朱希祖、马裕藻及许寿裳等，联合提议用先生之所规定，正大合理，遂得全会赞同。其后实地应用时，稍加增减，遂成今之注音符号。[2]

据后来学者的研究，章太炎首创并由其早年弟子发扬光大的这套注音字母体系，因其选用笔画最简且发音与声母韵母最为接近的古字，不仅操作简便，而且具有充分的学理依据，代表了国语运动在该阶段的最高成就，被长期使用。直至20世纪30年代，钱玄同仍认为它可作为未来统一国音的工具。[3]

2. 编写《国音常用字汇》。

1918年11月23日，受到新文化运动的推动，教育部正式采

---

①朱希祖：《朱希祖日记》，中华书局2012年版，第325页。

②许寿裳：《章太炎传》，江西教育出版社2019年版，第54页。

③参见卢毅：《章门弟子与国语运动》，载《中共浙江省委党校学报》2007年第5期。

纳了章门弟子提出的注音字母方案，并委托吴稚晖负责编纂一部《国音字典》，提交给教育部进行审定。1920 年 12 月 24 日，教育部正式对外公布了《国音字典》。这是中国确立国语字音标准的开始。在接下来的十多年里，全国的教科书注音和交通用语都以这部字典所定的读音为标准。然而，也出现了一些挑战。由于《国音字典》所确立的"老国音"是一个试图兼顾南北、融合古今的折中方案，它在最大程度上考虑了各地的方言差异，但在实际生活中，人们更多使用京音，很少采用老国音，这使得《国音字典》在现实生活中的应用有限，推广起来也遇到了困难。为了解决这一问题，1923 年，教育部国语统一筹备会特别成立了《国音字典》增修委员会，负责对字典进行修订。钱玄同是该委员会的成员之一。但由于时局的动荡，修订工作被迫中断。1928 年，国语统一筹备委员会重组，一方面成立了《中国大辞典》编纂处，重新修订《国音字典》；另一方面，选定普通常用字词，编纂《国音常用字汇》一书。1932 年 4 月，吴稚晖向教育部部长提出请求，希望公布《国音常用字汇》。同年 5 月 7 日，教育部正式公布了《国音常用字汇》，成为全国标准读音的依据。

《国音常用字汇》署名教育部国语统一筹备委员会，实际上是由钱玄同独立完成的。相较于《国音字典》，《国音常用字汇》省略了较为生僻和古旧的字词，更贴近北京话，倾向于日常使用。该书摒弃了传统的部首排序方式，转而采用字母排序法，使得字典按照音序编排，极大地便利了读者的检索。这一变革是我国字典史上的一大进步，具有里程碑的意义。

1934年，在"国语会"第二十九次常务委员会上，钱玄同提出了"增修《国音常用字汇》（G.C.TZ.）案"。他建议：（1）对于标准口语中常用但G.C.TZ.未收录的字予以增补。（2）对于一个字有多个常用读音，而G.C.TZ.仅收录一个或遗漏的，也应进行补充。（3）在标准口语中广泛使用的卷舌音，应予以增补。（4）对于已被国语采纳的方言中的特殊字或音，G.C.TZ.虽已收录一些，如"垃圾""尴尬""轧""掰"等，但仍需进一步补充。（5）对于古书中常见但G.C.TZ.未收录的字，也应增补。（6）《说文》部首及形声字的"声母"（"音符"），可以作为汉字之母，G.C.TZ.中未收录者众多，也应增补。（7）G.C.TZ.中所注的"读音""语音""又读"等，以及"卷舌韵""轻声"的字，还有那些简单的注解，亦有需要修订之处。遗憾的是，钱玄同尚未实施该计划，便不幸病逝。

第五章

求是致用——章太炎学术思想的现代启示

章太炎在其著作《菿汉微言》中论及治学之道时指出："学术无大小，所贵在成条贯制割。大理不过二途：一曰求是，再曰致用。"①作为晚清古文经学的代表人物，其学术研究深受乾嘉汉学方法论的熏陶，特别强调通过文字训诂来探求经史的深层含义，无征不信，言必有据。这正是他赖以成名的学术根底。与此同时，与乾嘉时期的学者不同，章太炎生活在一个百年未遇的大变革时代，面对古今、中西之争，政治、学术之争，没有哪位学者能够完全置身于时代之外。他将革命精神与学术研究相结合，体现了传统浙学"经世致用，知行合一"的精神。

① 《章太炎全集》（第7卷），第43页。

实
事
求
是

章太炎被誉为"学问的革命家",他的学术成就究竟有多大呢?与他同时代的另一位学术巨擘梁启超在《清代学术概论》中将清代学术发展划分为四个阶段:启蒙期、全盛期、蜕分期和衰落期。梁启超认为,启蒙期的代表人物是顾炎武、胡渭、阎若璩,他们倡导"舍经学无理学",反求之于古经,讲究"求真",志在致用。全盛时期的代表人物有惠栋、戴震、段玉裁、王念孙和王引之,梁启超称他们为清代学术的"正统派"。"正统派"的研究范围以经学为中心,涉及文字音韵、名物训诂、历史地理、天文历算、金石乐律、校勘辑佚等方面,在方法上重视实证,长于考证,号称"实事求是""无征不信",其目的在于还原孔孟的本来面目,"为考证而考证,为经学而治经学"。这种学术研究宗旨和研究方法至乾隆、嘉庆时期达到全盛,所以被称为"乾嘉学派"。"乾嘉学派"为总结和保存中国古代思想文化做出了重要贡献,但其广泛收集材料,实事求是的治学精神,也使学者对于经典本身的真伪有了新的认识,许多传世的经典被证实为前人伪作。例如，阎若璩撰《尚书古文疏证》，确证了一千多年来被奉为神圣经典的《古文尚书》是伪作，极大地动摇了宋明理学的立论依据，开一代学术疑古之风气。全盛期之后，清代学术进入"蜕分期"，康有为倡导"托古改制"，抱启蒙期"致用"的观念，借经术以文饰其政论，失去了"为经学而治经学"的本意，转而成为西方思想输入之导引，是这一时期的代表人物。"蜕分期"同时也是清代学术的衰落期，"乾嘉学派"对于研究、总结、保存传统典籍起到了非常积极的作用，但其细碎繁琐的考证，存古薄今，也使后来者难以有所创新，甚至出现了倨贵自傲的学阀风气，无法抵御来自今文学派的攻击和西学的冲击。俞樾、孙诒让是衰落期的代表人物，梁启超称他们是"为正统派死守最后之堡垒"[1]。章太炎是他们在诂经精舍的学生，继承了乾嘉以来"实事求是"的治学方法，在经学、文字学、音韵学等方面都有所创获，被梁启超称为"在此清学蜕分与衰落期中，有一人焉能为正统派大张其军者"。[2]

早在乾嘉时期，创办诂经精舍的阮元就继承了惠栋、戴震等人的治学宗旨，"尊经崇汉"，主张通过文字训诂来恢复"古儒家之学"。"尊经崇汉"本质上就是"求真""求是"。"余之说经，推明古训，实事求是而已。"[3]他本人就是通过寻求文字

---

①梁启超：《清代学术概论》，东方出版社1996年版，第6—7页。

②梁启超：《清代学术概论》，东方出版社1996年版，第86页。

③阮元：《研经室集·自序》，《研经室集》（上），中华书局1993年版，第1页。

的本义、考辨文献中的名物制度来探求儒家经典的"本义"。其创办的诂经精舍，也是以"尊经崇汉"作为办学宗旨的。俞樾在主持诂经精舍以后，继承了阮元的学术宗旨和办学思想，并特地把许慎、郑玄木主供奉于精舍之堂上，以使学者知道做学问的根本在于研求经义，在务实，而不是像宋儒一样"明心见性之空谈"。①俞樾本人学宗王念孙、王引之父子，以乾嘉皖派汉学的实事求是精神和治学门径为依归，注重训诂名物以求义理，"论学则务实行而扫空谈，治经则守师法而耻臆说。举义理名物，声音训诂，无一不实事求是。"②俞樾的治学理念对章太炎的学术生涯影响巨大。

1913年，章太炎46岁时，在撰写的《自述学术次第》中写到："余治经学专尚古文，非独不主齐、鲁，虽景伯（贾逵）、康成（郑玄），亦不能阿好也。"③以其学术著述为例，1891年，章太炎进入诂经精舍的第二年，即开始区分古今文师的学说，并着手撰写《膏兰室札记》《独居记》《高先生传》以及《春秋左传读》等。特别是《春秋左传读》，最初命名为《杂记》，是为反驳刘逢禄而作的。

刘逢禄认为《左传》原名《左氏春秋》，非传《春秋》之

---

① 俞樾：《诂经精舍四集序》，《春在堂全书》六编卷七，浙江古籍出版社2017年版，第1007页。

② 俞樾：《徐诚庵大令词律拾遗序》，《春在堂杂文》续编卷二，浙江古籍出版社2017年版，第103页。

③ 《章太炎全集》（第11卷），第496页。

书。王莽时，刘歆对相关条例进行了增补和修订，并进一步扩展了内容，强行将《左氏春秋》解释为《春秋》的传本，以与《公羊传》和《穀梁传》争夺博士官的地位。在此过程中，《左氏春秋》才更名为《春秋左氏传》。刘逢禄此书第一次系统全面的论述了刘歆伪作《左传》问题，影响很大，今文学者纷纷响应，考辨伪古文经著述相继出现，重启了中国学术思想史上息迹已久的今古文经之争。梁启超说："自刘书出而《左传》真伪成问题，自魏（魏源）出而《毛诗》真伪成问题，自邵（邵懿辰）书出而《逸礼》真伪成问题。"[①]到康有为作《新学伪经考》《孔子改制考》，甚至认为古文经大都为孔子托古之作，彻底动摇了古文经学在当时绝对权威。章太炎的《春秋左传读》《左氏春秋考证砭》《砭后证》和《驳箴膏肓评》，即是在这一历史背景下撰写的，他运用传统的文字、音韵、训诂手段，广泛征引先秦两汉典籍，反驳刘逢禄等人的观点，为古文经学张目。

章太炎后来撰写的《国故论衡》《文始》《新方言》《小学答问》等经典著作，也都是源于其恪守汉学家重视训诂名物、"实事求是"的治学方法。前文提到的章太炎所提出的著名论断，如"经是官书目"和"儒有三科"，无一不是基于其深厚的小学的功底，通过文字训诂的研究方法得出的。

中年以后，章太炎涉猎过《华严经》《法华经》《涅槃经》等佛经，醉心过庄子的《齐物论》、西洋的进化论等，乃至一度

---

①梁启超：《清代学术概论》，东方出版社1996年版，第69页。

言孔子是"素王",但终究还是站在古文经学的立场上,用梁启超的话说是"谨守家法之结习甚深"①。章太炎自己说:"少时治经,谨守朴学,所疏通证明者,在文字器数之间。虽尝博观诸子,略识微言,亦随顺旧义耳……继阅佛藏,涉猎《华严》、《法华》、《涅槃》诸经,义解渐深,卒未窥其究竟。及囚系上海,三岁不觌,专修慈氏世亲之书。此一术也,以分析名相始,以排遣名相终。从入之涂,与平生朴学相似,易于契机。"其所恪守的仍是早年所受教的"实事求是"治学方法。

---

① 梁启超:《清代学术概论》,东方出版社1996年版第87页。

　　在中国历史上，儒家经学素有"通经致用"的传统。所谓"通经致用"，就是通晓经术，以求致用。所通之"经"即是以六经为代表的儒家经典，所致之"用"即是儒家所倡导的"立德"和"立功"。早在儒家学派形成之前，孔子就通过整理和传授六经，来阐发经典的治世大义。汉武帝罢黜百家，独尊儒术之后，经学兴起，通过研治经书提高自己的道德修养，用经术经世干政，以达到平治天下的目的，成为历代经学研治者的中心观念和核心价值被加以标榜和提倡。俞樾主持诂经精舍，延续了阮元的办学宗旨，"训诂主汉学，义理主宋学，教弟子以通经致用"，对章太炎的影响自然是不可避免的。章太炎一生，"勤求经训，务期有用"①，毕生都在践行儒家的经世致用理念。

　　在1900年之前，章太炎俨然是一位追随康有为、梁启超的

---

①陈平原、杜玲玲编：《追忆章太炎》（修订本），生活·读书·新知三联书店，2009年，第346页。

改良主义者。康有为援引今文经学，提出孔教论与孔子改制说以掩护其政治改革，这与章太炎的古文经学立场截然不同。然而，在《訄书》初刻本中，章太炎坚定地支持了康氏的经学与政治一体化思想。《客帝》一文中，章太炎提出了以清朝皇帝为"客帝"，以孔子后裔为"共主"的改革方案："自古以用异国之材为客卿，而今始有客帝。客帝者何也？曰：如满洲之主震旦是也……昔者《春秋》元统天，而以春王为文王。文王孰谓？则王愆期以为仲尼是已。欧洲纪年以耶稣，卫藏纪年以释迦，而教皇与达赖刺麻者，皆尝为其共主。震旦之共主，非仲尼之世胄则谁乎？"[①]将耶稣、释迦牟尼两位"教主"与孔子相提并论，显然也将孔子视为"教主"，这与康有为的孔教论在本质上并没有区别。在《尊荀》一文中，章太炎将孔子描绘成一位改革家，以支持变法："仲尼有言：夏道不亡，商德不作；商德亡，周德不作；周德不亡，《春秋》不作。"孔子作《春秋》是"反（返）夏政于鲁"，是为鲁国君主提出的改革方案，并非是为汉朝制法。荀子所谓"法后王"，"后王"即是"素王"，"法后王"就是"法《春秋》"。"《春秋》作新法，而讥上变古易常"。"汉因于秦，唐因于周、隋，宋因于周，因之曰以其法为金锡，而己形范之，或益而宜，或损而宜。损益曰变，因之曰不变。"[②]孔子和荀子都是改良主义者，荀子为孔子的真正传人。

---

① 《章太炎全集》（第3卷），第65页。

② 参见《章太炎全集》（第3卷），第6页。

社会变革应在遵循古制的基础上，根据现实需求进行调整，既不能完全摒弃历史传统去创新，也不能固守古法不变，这是孔子、荀子学说的精髓，也是中国历代社会变革的规律。

由上可知，章太炎调和了古文经学与今文经学之间的差异，对公羊家将孔子定位为"素王"和"改制"的观点表示了认同。1899 年，章太炎在《〈翼教丛编〉书后》中为康有为辩护："今康氏经说诸书，诚往往有误，其误则等于杨涟尔。苟执是非以相争，亦奚不可，而必藉权奸之伪词以为柄，则何异逆阉之陷东林乎？"杨涟（1572—1625），字文孺，号大洪，明末谏臣，"东林六君子"之一。官至左副都御史。终生致力于争"红丸案""移宫案"以正宫闱。天启五年（1625），因弹劾魏忠贤二十四大罪被诬陷受贿，惨死狱中。章太炎认为康有为说经之误与杨涟相当，如果仅仅因为是非之争而相互攻击，这又有什么不可以的呢？然而，如果一定要借助权奸的虚假言辞作为攻击的工具，这与阉党陷害东林党又有何不同？正是基于经世致用的考量，章太炎抑制了自己的学术立场，这也影响了他对孔子的看法。

1900 年 7 月，章太炎在唐才常发起的"自立会"集会上毅然割断辫子，毅然与清政权决裂，从而踏上了革命的征程。政治立场的转变也促使章太炎对孔子的评价产生了根本性的变化。孔子，这位历史上被统治者塑造成维护专制统治象征的人物，康有为所提出的孔子改制说和孔教论，无疑又给孔子披上了一层现代政治的外衣。在《驳康有为论革命书》一文中，章太炎揭露了清廷尊孔背后的阴谋："徒以尊事孔子，奉行儒术，崇饰观听，斯乃不得已而为之，而即以便其南面之术，愚民之计。"①他深刻认识到，要号召民众参与革命、推翻清廷，首先必须解放思想，破除对孔子这一文化偶像的盲目崇拜，从而激发他们的革命斗志。

1904年出版的修订版《訄书》最显著的改动是新增了《订孔》一文，该文开启了现代批判孔子的思潮，并对中国思想的现代转型产生了深远的影响。章太炎在文章开头引用了日本学者对孔子的批评之词："远藤隆吉曰：'孔子之出于支那，实支那之祸本也。夫差第《韶》《武》，制为邦者四代，非守旧也。处于人表，至严高，后生自以瞻望弗及，神葆其言，革一义，若有刑戮，则守旧自此始。故更八十世而无进取者，咎亡于孔氏。祸本成，其胙尽矣。'"②章太炎认为中国思想之所以守旧和僵化，是因为孔子思想被过度尊崇。

为了削弱孔子的权威性，章太炎认为六经并非孔子的独创，六经本是周室"太史中秘书"，与儒家同出于王官的道家、墨家等诸子皆通六经。秦始皇焚书后，只有删定的六经得以流传下来，孔子的威望因之骤然升高，先秦其他学派不能与之争锋。章太炎又进一步提升孟子与荀子的地位，并认为他们在道术上超越了孔子，只是才华无法与孔子相提并论，因此他们终身未

---

① 《章太炎全集》（第8卷），第177页。
② 《章太炎全集》（第3卷），第132页。

能获得鲁国宰相那样的政治成就，也未能实现三千弟子的教化。荀子和孟子时运不济，未能建立显赫的功业，世俗之人因此而轻视他们。章太炎随后又称孔子是"古良史"，孔子去世后，能与之匹敌的名声与实际成就者，当属汉代的刘歆。章太炎将孔子从"素王""圣人""至圣先师"的崇高地位降至史学家，并与汉代的刘歆相提并论。章太炎在文章的结尾引用了白河次郎对孔子的批评："白河次郎指出，纵横家主张君主政体，即所谓的压制主义；而老庄派则主张民主政体，即所谓的自由主义。孔子在两者之间徘徊，以合意关系为名，以权力关系为实，这正是儒术能够成为奸雄的工具，使百姓日用而不知，其效果甚至不如纵横家的明言压制。"这里批评孔子缺乏真正的才学，其儒术不过是抄袭道家与纵横家的理论；打着"合意关系"的幌子，实际上是为了攫取权力，愚弄百姓以支持君主的专制统治。[①]

1903 年夏季，因《苏报》事件而被监禁的章太炎，为了消解内心的苦闷，开始深入研究佛学，并在此基础上构建了以法相唯识学为核心的思想价值体系。1906 年 5 月，章太炎获释后东渡日本，提出了"用宗教发起信心，增进国民的道德"的主张。在《革命道德说》一文中，章太炎强调了革命者道德的重要性，认为道德衰亡是亡国灭种的根源，"今与邦人诸友同处革命之世，偕为革命之人，而自顾道德犹无以愈于陈胜、吴广，

[①]参见《章太炎全集》（第 3 卷），第 133—134 页。

纵令瘏其口焦其唇破碎其齿颊，日以革命号于天下，其卒将何所济？道德者不必甚深言之，但使确固坚厉、重然诺、轻死生则可矣。"①将佛学视为提升革命者道德的利器，而相对地，孔子及其儒家思想则被认为是导致中国道德衰败的源头。他在《论诸子学》的演讲中批评了"儒家之病，在以富贵利禄为心"，指出孔子一生的志向并非想成为帝王，而是自比为辅佐君王的贤臣。孔子之教实际上在于顺应时代，其行为准则随着时代而变化，因此"言不必信，行不必果"。他引用庄子、墨子的言论来证明孔子的为人"污邪诈伪"，并认为其政治学说是"国愿"。孔子学说之所以有价值，是因为它"诈取"了老子的智慧："老子以其权术授之孔子，而征藏故书，亦悉为孔子诈取。孔子之权术，乃有过于老子者。孔学本出于老，以儒道之形式有异，不欲尊奉以为本师，而惧老子发其覆也……老子胆怯……于是西出函谷，知秦地之无儒，而孔氏之无如我何，则始著《道德经》以发其覆。"②章太炎对孔子的批评，是基于革命和启蒙的立场，新文化运动期间，陈独秀、吴虞、钱玄同、鲁迅等人的反孔言论，正是继承了章太炎的观点。

　　20世纪初期，日本的国粹主义思潮传入中国，章太炎迅速接受了"国粹"这一理念，并调整了他对中西方学术的看法。在给宋恕的信中，章太炎表达了这样的忧虑："国粹日微，欧化

①《章太炎全集》（第8卷），第285页。

②《章太炎全集》（第14卷），第54—55页。

浸炽，穰穰众生，渐离其本。重以科举驱奏人心，排满宗旨，如何可达！"[1]1906年，东渡日本后，章太炎在演讲中提出了"用国粹激动种姓，增进爱国的热情"的主张。在这一时期，他进一步发展了章学诚的"六经皆史"理论，将所有古代经籍视为历史的记录，并将历史与国粹等同起来："为甚提倡国粹？不是要人尊信孔教，只是要人爱惜我们汉种的历史。这个历史，就是广义说的，其中可以分为三项：一是语言文字，二是典章制度，三是人物事迹。"[2]在《国故论衡·原经》中，章太炎对孔子编纂《春秋》给予了极高的评价。认为孔子采用编年体的形式编纂《春秋》，为后世的史学家们确立了可遵循的体例，从而使得中国的历史得以保存下来，是孔子在历史上的重大贡献。他在《与人论朴学报书》中进一步阐述了这一观点：我视素王修史，实际上与司马迁、班固并无不同，只是在体例上更为优秀。百工制器，模仿容易创新难。"世无孔公，史法不著。"[3]

中华民国成立之后，章太炎反对盲目照搬西方现代政治制度，而是主张保留并改革一些行之有效的传统制度。针对康有为提倡将孔教定为国教的提议，章太炎撰写了《驳建立孔教议》一文，对孔子进行了全面且客观的评价。这篇文章实际上是章太炎对辛亥革命前孔子思想的一次深刻总结。章太炎首先提出，不谈论鬼神、不立宗教是由国民性所决定的："国民常性，所察

---

[1]《章太炎全集》（第12卷），第30页。

[2]《章太炎全集》（第14卷），第8页。

[3]《章太炎全集》（第8卷），第155页。

在政事日用，所务在工商耕稼。志尽于有生，语绝于无验。人思自尊，而不欲守死事神，以为真宰，此华夏之民，所以为达。视彼伈諭上帝，拜谒法皇，举全国而宗事一尊，且著之典常者，其智愚相去远矣！"①孔子的学说顺应了"人思自尊"的国民性，因此它并非一种拜神的宗教。孔子并非宗教创始人，那么他的形象又是怎样的呢？章太炎认为："是则孔子者，学校诸生所尊礼，犹匠师之奉鲁班，缝人之奉轩辕，胥吏之奉萧何，各尊其师，思慕反本，本不以神祇灵鬼事之，其魂魄存亡亦不问，又非能遍于兆庶也。"②孔子被视为中国学术的奠基人，尊孔犹如尊师。"盖孔子所以为中国斗杓者，在制历史，布文籍，振学术，平阶级而已。"③

1913年末，因坚决反对袁世凯的独裁统治，章太炎在北京被袁世凯软禁。其间，章太炎一方面试图在佛学中寻求心灵的慰藉，另一方面却无法平息他对政治的热忱。这两种力量在他内心激烈碰撞，始终难以成为他的精神信仰，给他带来了极大的痛苦。在写给黄宗仰的信中，他倾诉了这种内心的挣扎："鄙人前因谗谤，幽处龙泉，其住持道兴上人亦尚可谈，而意绪萧索，终不能谈及妙谛。槁饿十余日，亦不坐化，盖寻伺未断故也。"④"更值去岁国体变更问题心之瞋恚，益复炽然。以此业

---

① 《章太炎全集》（第8卷），第200页。

② 《章太炎全集》（第8卷），第201页。

③ 《章太炎全集》（第8卷），第202页。

④ 《章太炎全集》（第12卷），第151页。

感而得焰摩地位，固其所宜，息嗔唯有慈观，恐一行三昧，亦用不著。"这次监禁经历让章太炎对孔子有了全新的理解，这一点主要反映在他对《訄书》进行修订后形成的《检论》一书中。

他首先在《周易》中发现与自己革命历程相契合的生命哲学："《易》虽不为暴人谋，暴人固已得志。《易》虽为善人贤士谋，直其恣睢，独有退避求自安全，而固无损暴人毫末；纵谋所以黜削暴人者，比其就成，暴人享之已数世矣……光复以还，绝世未得继兴，膏泽未得下究，诸志士献民，生存未得相迁劳，死亡未得相吊唁也……作《易》者虽聪敏，欲为贞端谋主，徒衯补其疮痍耳。由是言之，'既济'则暂，'未济'其恒矣！是亦圣哲所以忧患。"①"既济"是暂时的，"未济"则代表永恒的规律，不能急于求成地追求革命的迅速成功。

章太炎指出，喜读《周易》的孔子也深谙此理："余其未知羑里、匡人之事！夫不学《春秋》，则不能解辫发，削左衽。不学《易》，则终身不能无大过，而悔吝随之。始玩爻象，重籀《论语》诸书，臬然若有悟者，圣人之道，笼罩群有，不呕以辩智为贤。上观《周易》，物类相召，势数相生，足以彰往察来。审度圣人之所忧患，与其卦序所次时物变迁，上考皇世而不缪，百世以俟后王群盗而不惑。洋洋美德乎！诚非孟、荀之所逮闻也。"②过去之所以对孔子之道的理解有错误，是因为没有好好

---

① 《章太炎全集》（第3卷），第390页。
② 《章太炎全集》（第3卷），第433页。

学习《周易》，没有弄懂《周易》中所蕴含的宇宙万物的变迁之道。

1931年"九一八"事变爆发后，章太炎从儒家经典中选出《孝经》《大学》《儒行》和《丧服》，称之为"四经"，提倡儒家的孝道、礼制和伦理道德，试图改变世道民心。1933年3月14日，章太炎在无锡国专演讲时指出：

> 今欲改良社会，不宜单讲理学，坐而言，要在起而能行。周、孔之道，不外修己治人，其要归于六经。六经散漫，必以约持之道，为之统宗……今欲卓然自立，余以为非提倡《儒行》不可。《孝经》《大学》《儒行》之外，在今日未亡将亡，而吾辈亟须保存者，厥惟《仪礼》中之《丧服》。此事于人情厚薄，至有关系。中华之异于他族，亦即在此。余以为今日而讲国学，《孝经》《大学》《儒行》《丧服》，实万流之汇归也。不但坐而言，要在起而行矣。

在此前后，章太炎还先后演讲过《〈大学〉大义》《〈儒行〉要旨》《讲学大旨与〈孝经〉要义》《〈丧服〉概论》《〈孝经〉〈大学〉〈儒行〉〈丧服〉余论》等。章太炎认为《孝经》为经中之纲领，为我国修身讲学之根本、教育之根源。《大学》是平天下之原则。《孝经》与《大学》为六经之中为人为学的根本，人要成为完人，还要崇尚气节、重力行。《儒行》就是"专讲气节之书"。"《儒行》所述十五儒，皆以气节为尚。"历史上每当有外族入侵之时，国人都是通过尚气节以自保的。尚气节的两汉，"内政不修，而外侮不至。一西羌为患，卒为汉灭"。曹、刘、孙三国分立，亦无外患，也是因为三国人多尚气节的缘故。相反，晋朝尚清谈，不尚气节，而导致五胡乱华。宋初，朝廷仍尊崇《儒行》，常赐新科进士以皇帝亲笔书写的《儒行》。然而，南宋却不再如此。宋高宗听信高闶的观点，认为《儒行》并非孔子所言，于是改赐《中庸》。这说明当时理学之士往往谨慎有余，开拓不足，其士人气节也因之起伏不定。如今，若想卓然自立，非提倡《儒行》不可；若要国家强盛、民气高昂，亦非提倡《儒行》不可。治国者当崇尚气节，我国有四万万人口，即便其中有气节者仅占百分之一，也足以抵御外侮。《仪礼》中之《丧服》事关"人情厚薄"，是中华民族区别于世界上其他民族的关键元素，自汉以来，历代重视，是礼教的体现。《孝经》《大学》《儒行》和《丧服》四书是"六经"之要旨、万流之汇归、国学之统宗，体现了原始儒家（"周孔之道"）的要义——"修己治人之道"。与儒家"六经散漫""十三经文繁义赜"不同，"新四书"原文合起来不过一万字，简明易学，便于讲诵、躬行。

章太炎的"新四书"，张扬孝道与礼教，强调知行合一，其核心在于求"救世之急"，具有强烈爱国精神和时代意义。正如他的弟子姜亮夫在章太炎逝世后回忆其晚年讲学宗旨时说："细绎先生晚年言学之趣向，大约有二：一欲救世以刚中之气，一欲教人以实用之学，其归在不忘宗邦之危。"[1]

　　章太炎是20世纪国粹派的代表，他所标举的"新四书"，即是在当时的国粹派中也未得到广泛的认同，甚至被认为是过时的、守旧的。但他在民族危亡的历史关头，通过经典诠释建构儒学思想体系思想体系，服务社会的做法，则是儒家"通经致用"学术传统的延续，对于当下推动马克思主义基本原理同中华优秀传统文化相结合，传承和创新发展中华优秀传统文化，推动中华文明不断焕发新的生机活力，仍有借鉴意义。

[1]徐一士：《章太炎弟子论述师说》，《追忆章太炎》，第335页。

附　录：章门弟子录①

姓名	生卒年	字号	籍贯	及门时间、地点	备注
缪　篆	1877—1939	子才	江苏泰州	1913年	
马裕藻	1878—1945	幼渔	浙江鄞县（今宁波市鄞州区）	1908年、日本东京	
朱希祖	1879—1944	逖先	浙江海盐	1908年、日本东京	
景定成	1879—1961	梅九	山西运城	1908年、日本东京	
余　岩	1879—1954	云岫	浙江镇海		
周树人	1881—1936	豫才	浙江绍兴	1908年、日本东京	笔名鲁迅
朱宗叶	1881—1919	蓬仙	浙江海宁	1908年、日本东京	
范古农	1881—1951	拱薇	浙江嘉兴	1908年、日本东京	
王用宾	1881—1944	利臣，以慕章太炎之名，改字太蕤	山西临猗	日本东京	
李镜蓉	1882—1947	亮工	山西河津	1907年、日本东京	以字行
钱家治	1882—1969	均夫	浙江杭州	1908年、日本东京	钱学森之父

①此表据朱乐川《章门弟子录》绘制，参考了相关人物的自传和年谱等。相关内容不详者，暂空。朱乐川原文载《历史文献研究》第47辑，江苏广陵书社2021年11月。

姓名	生卒年	字号	籍贯	及门时间、地点	备注
景耀月	1883—1944	瑞星，慕章太炎，改字太昭	山西芮城	1908 年、日本东京	
马宗芗	1883—1959	竟荃	辽宁开原		
康宝忠	1884—1919	心孚	陕西城固	1908 年、日本东京	
吴承仕	1884—1939	检斋	安徽歙县	1915 年、北京	
许寿裳	1884—1948	季黻	浙江绍兴	1908 年、日本东京	
沈钧业	1884—1951	馥孙	浙江绍兴	1907 年、日本东京	
周作人	1885—1967	星杓	浙江绍兴	1908 年、日本东京	
黄　侃	1886—1935	季刚	湖北蕲春	1907 年、日本东京	
龚宝铨	1886—1922	未生	浙江秀水（今嘉兴市秀洲区）	1908 年、日本东京	章太炎长婿
陈大齐	1886—1983	百年	浙江海盐	1908 年、日本东京	
任鸿隽	1886—1961	叔永	重庆垫江	1908 年、日本东京	
贺孝齐	1886—1945	伯中	重庆永川	1908 年、日本东京	
锺正楙	1886—1963	雅琚	重庆永川	1908 年、日本东京	
邓胥功	1886—1976	只淳	重庆	1908 年、日本东京	
柳慰高	1887—1958	人权、稼轩，号亚子	江苏吴江（今苏州市）		以号行
钱玄同	1887—1939	德潜	浙江吴兴（今属湖州市）	1908 年、日本东京	
沈坚士	1887—1947	兼士	浙江吴兴（今属湖州市）	1908 年、日本东京	

姓名	生卒年	字号	籍贯	及门时间、地点	备注
金毓黻	1887—1962	静庵	辽宁灯塔	1914年、北京	
陈新尼	1887—1970	嗣煌	重庆	1908年、日本东京	
胡以鲁	1888—1916冬/1917年春	仰曾	浙江定海	1906—1910年、日本东京	
王謇	1888—1968	佩净	江苏吴县（今苏州市）	1933年、苏州	
李蔚芬	1889—1957	炳英	四川中江	1908年、日本东京	
任鸿年	1889—1913	季彭、百一	重庆垫江	1908年、日本东京	
刘文典	1889—1958	叔雅	安徽合肥	1910年、日本东京	
刘景新	1889—1945	大易	山西解县（今运城市）	日本东京	
汪东	1890—1963	旭初	江苏吴县（今苏州市）	1908年、日本东京	
卢闵尘	1892—?	闵尘	安徽庐江	1935年、苏州	
贺永春	1893—?	润鸿	湖南衡阳	1935年、苏州	
王承龙	1894—1980	乘六	江苏吴县（今苏州市）	1933年、苏州	以字行
孙世扬	1895—1947	鹰若	浙江海宁	1926年、上海	
徐耘畣	1895—1969	耘叟	四川南部	1929年、上海	
马宗霍	1897—1976	承堃	湖南衡阳	20世纪20年代、上海	
徐震	1898—1967	哲东	江苏常州	20世纪20年代、上海	
邵祖平	1898—1969	潭秋	江西南昌		
诸祖耿	1899—1989	介夫	江苏无锡	1933年、苏州	
曹聚仁	1900—1972	挺岫	浙江兰溪	1922年、上海	

姓名	生卒年	字号	籍贯	及门时间、地点	备注
任启圣	1900—？	翔举	河北保定	1935年、苏州	
黄士本	1900—？	支田	山东滕县（今滕州市）	1935年、苏州	
李 恭	1901—1970	行之	甘肃甘谷	1935年、苏州	
李谦光	1901—？	哲卿	安徽桐城	1935年、苏州	
林 照	1901—？		广东新会	1935年、苏州	
王基乾	1902—1974	羲元	安徽怀宁	1935年、苏州	
葛幼圃	1902—？	念先	江苏镇江	1935年、苏州	
顾义骏	1903—？	问宾	江苏松江	1935年、苏州	
郑云飞	1904—1972		山西万泉（今万荣县）	1935年、苏州	
张瑞麟	1904—？	辑五	山东滋阳（今济宁市兖州区）	1935年、苏州	
柏耐冬	1905—？		安徽泗县	1935年、苏州	
陈实秋	1905—？	实秋	浙江乐清	1935年、苏州	
郑伟业	1906—1963	仲琪	江苏苏州	1932年、苏州	
熊训初	1906—？	训初	四川南溪（今宜宾市南溪区）	1935年、苏州	
金玉璇	1907—？	玉璇	浙江乐清	1935年、苏州	
庄钟祥	1907—？	瑞庵	浙江海宁	1935年、苏州	
陈兆年	1908—？	兆年	河北安新	1935年、苏州	
李源澄	1909—1958	浚清、俊卿	四川犍为	1936年、苏州	
潘重规	1907—2003	石禅	江西婺源		

续表

姓名	生卒年	字号	籍贯	及门时间、地点	备注
潘承弼	1907—2004	景郑	江苏吴县（今苏州市）	1931年、上海	
方兆有	1907—?	佛情	安徽婺源	1935年、苏州	
曹依仁	1907—?	静山	河南获嘉	1935年、苏州	
夏继学	1907—?	继学	河南阳武	1935年、苏州	
叶建平	1907—?	建平	江苏吴江（今苏州市吴江区）	1935年、苏州	
黄大本	1907—?	景孟	山东滕县（今滕州市）	1935年、苏州	
徐　征	1908—1976	澐秋	江苏吴县（今苏州市）	1935年、苏州	
金德建	1909—1996		浙江嘉兴	1935年、苏州	
徐绪昌	1909—?	缵武	河南南阳	1935年、苏州	
冯　超	1909—?	超人	江苏太仓	1935年、苏州	
汤炳正	1910—1998	景麟	山东荣成	1935年、苏州	
叶芳炎	1910—1982	善箴	安徽黟县	1935年、苏州	
徐风陶	1910—?	羲人	辽宁沈阳	1935年、苏州	
茅荫熙	1910—?	受廷	山东济南	1935年、苏州	
赵意诚	1910—?	孚樵	浙江诸暨	1935年、苏州	
李澍东	1911—?	澍东	湖北蕲春	1935年、苏州	
王守直	1911—?	又直	福建龙溪	1935年、苏州	
徐　复	1912—2006	士复	江苏武进（今常州市武进区）	1936年、苏州	
顾家书	1912—?	家书	江苏吴县（今苏州市）	1935年、苏州	

姓名	生卒年	字号	籍贯	及门时间、地点	备注
孙居基	1912—?	立本	山东黄县 (今龙口市)	1935年、苏州	
傅平骧	1912—2000	平骧	四川绵竹	1935年、苏州	
王仲荦	1913—1986		浙江余姚	1933年、苏州	
姚豫太	1913—2013	奠中	山西稷山	1935年、苏州	
陈　炎	1913—?	大言	安徽怀宁	1935年、苏州	
唐继鼎	1913—?	观源	安徽庐江	1935年、苏州	
罗茂金	1913—?	茂金	广东五华	1935年、苏州	
杨贞官	1913—?	贞官	山东峄县 (今枣庄市)	1935年、苏州	
吴正清	1913—1946	政卿	江苏泰州	1935年、苏州	
沈延国	1914—1985		浙江钱塘 (今杭州市)		
章　谦	1914—?	尊光	安徽桐城	1935年、苏州	
周　韬	1914—?	健民	山东峄县 (今枣庄市)	1935年、苏州	
王希革	1914—?	鼎新	浙江淳安 (今建德市)	1935年、苏州	
楼仁爱	1914—?	德舆	浙江义乌	1935年、苏州	
贝　琪	1915—1941	仲琪	江苏吴县 (今苏州市)	20世纪30年代、 苏州	
汪柏年	1915—?	清在	浙江桐乡	20世纪30年代、 苏州	
李朝蓉	1915—?	兆蓉	安徽怀宁	1935年、苏州	
丁邦寿	1915—?	宣山	江苏泰兴	1935年、苏州	
叶竞耕	1915—?	竞耕	江苏吴县 (今苏州市)	1935年、苏州	

姓名	生卒年	字号	籍贯	及门时间、地点	备注
徐善同	1915—?	舜扬	浙江平湖	1935年、苏州	
朱学浩	1916—2011	季海	江苏苏州	1933年、苏州	以字行
刘济生	1916—?	济生	河北河间	1935年、苏州	
柳景惠	1916—?	人河	江苏吴县（今苏州市）	1935年、苏州	
郑弗言	1916—?	鼎	江苏灌云	1935年、苏州	
李恕一	1916—?	梧冈	四川南充	1935年、苏州	
文玉笙	1916—?	序	四川巴县	1935年、苏州	
皇甫权	1916—?	鋐声	浙江桐乡	1935年、苏州	
黄德余	1916—?	积之	浙江淳安	1935年、苏州	
陈鸿佐	1916—?	松几	浙江义乌	1935年、苏州	
何世建	1917—?	世建	广东新会	1935年、苏州	
李朝汉	1917—?	樵广	广东新会	1935年、苏州	
罗　绮	1917—?	自华	江苏宿迁	1935年、苏州	
顾曰辰	1917—?	拱北	江苏镇江	1935年、苏州	
杨贡官	1917—?	贡官	山东峄县（今枣庄市）	1935年、苏州	
刘一化	1916—?	一化	山西解县（今运城市）	1935年、苏州	刘大易之侄
章本兴	1917—?	本兴	浙江淳安	1935年、苏州	
周云生	1918—?	元龙	安徽庐江	1935年、苏州	
罗崇让	1919—?	崇让	四川中江	1935年、苏州	
赵树安	1920—?	汝悦	山东峄县（今枣庄市）	1935年、苏州	
张斯翼	1921—1987	小怿	江苏镇江	1935年、苏州	

参考文献

1. 《中国现代学术研究机构的兴起——以北大研究所国学门为中心的探讨》，陈以爱著，江西教育出版社，2002年10月。

2. 《追忆章太炎（修订本）》，陈平原、杜玲玲编，生活·读书·新知三联书店，2009年4月。

3. 《章太炎与章门弟子》，刘克敌、卢建军著，大象出版社，2010年10月。

4. 《章太炎年谱长编（增订本）》，汤志钧编，中华书局，2013年3月。

5. 《章太炎评传》，姜义华著，百花洲文艺出版社，2015年3月。

6. 《章太炎〈文始〉研究》，许良越著，中国社会科学出版社，2015年6月。

7. 《章太炎生平与学术》，章念驰编，上海人民出版社，2016年6月。

8. 《章太炎传》，许寿裳著，江西教育出版社，2019年10月。

9. 《浙江儒学通史》，吴光主编，浙江人民出版社，2022年9月。

10. 《章太炎全集》，上海人民出版社编，上海人民出版社，2022年11月。

后 记

　　本书是本人参与的浙江省文化工程项目"浙学大家——章太炎卷"的最终成果。

　　本书的撰写，首先要感谢吴光先生。2018 年，吴先生主持浙江文化工程重大课题《浙江儒学通史》，指派我负责近现代卷的撰写。其中就包括关于章太炎的一章。在吴光先生的指导下，我和几位朋友共同完成了《浙江儒学通史·近现代卷》（浙江人民出版社 2022 年 9 月版）。《浙江儒学通史》（五卷本）在 2023 年获浙江省第二十二届哲学社会科学优秀成果二等奖。这无疑对我们是一种极大的鼓励。或许正是由于有了撰写《浙江儒学通史·近现代卷》的经历，吴光先生又将《浙学大家·章太炎卷》交给我来完成。

　　众所周知，章太炎是国学大师、著名的资产阶级民主革命家。他一生经历复杂，涉猎广泛，学识渊博，要在一本十几万字的小册子里全面展现他的主要思想及其当代价值，谈何容易！因此，我只能一遍又一遍地阅读章太炎的文集，一遍又一遍地阅读先贤和时贤关于章太炎的研究著作，一遍又一遍地思考如何体现出符合丛书宗旨的章太炎的思想。如今，总算交出了这样一份答卷。限于个人水平和时间，本书中还存在不少问题，敬请各位读者批评指正。

　　本书的撰写还得感谢浙江省文史研究馆专职副馆长姜玉峰同志和孙明波、陈展诸位处室干部以及浙江人民出版社的编辑。"浙学大家"项目的具体管理单位是浙江省文史研究馆，为了高质量地完成这套书，省文史馆的领导组织了多次研讨，从提纲到具体内容，都给予了细致的指导。出版社的责任编辑也为本书的出版进行了细致的校对和精心的编辑。正是在他们的关照和支持下，本书才得以顺利出版。

　　本书在撰写过程中，参考了同行的著述，限于体例，没有在书中全部注明，谨在此表示感谢。

宫云维

2025 年 2 月